공유
경제가
뭐예요?

공유 경제가 뭐예요?

초판 1쇄 발행 2024년 7월 23일 | **초판 2쇄 발행** 2024년 12월 6일
글쓴이 석혜원 | **그린이** 김민준
펴낸이 홍석 | **이사** 홍성우
편집부장 이정은 | **편집** 조유진 | **디자인** 권영은·김영주
마케팅 이송희·김민경 | **제작** 홍보람 | **관리** 최우리·정원경·조영행
펴낸곳 도서출판 풀빛 | **등록** 1979년 3월 6일 제2021-000055호 | **제조국** 대한민국 | **사용 연령** 8세 이상
주소 서울 강서구 양천로 583, 우림블루나인 비즈니스센터 A동 21층 2110호
전화 02-363-5995(영업), 02-362-8900(편집) | **팩스** 070-4275-0445
전자우편 kids@pulbit.co.kr | **홈페이지** www.pulbit.co.kr | **블로그** blog.naver.com/pulbitbooks | **인스타그램** instagram.com/pulbitkids

ⓒ 석혜원, 김민준 2024

ISBN 979-11-6172-936-7 74320
　　　　979-11-6172-448-5(세트)

※책값은 뒤표지에 표시되어 있습니다.
※파본이나 잘못된 책은 구입하신 곳에서 바꿔드립니다.
※종이에 베이거나 긁히지 않도록 조심하세요. 책 모서리가 날카로우니 던지거나 떨어뜨리지 마세요.

|작가의 말|

지구를 살리는
기발한 소비 방식

　기후 변화가 심각해지면서 탄소 중립을 이루어야 한다는 말을 자주 들어. 온실가스 배출을 줄여서 뜨거워지는 지구를 구하자는 거지. 친환경 소비를 늘리고, 에너지 소비를 줄이고, 재생 에너지 공급을 늘리는 등 탄소 제로 시대를 만들기 위한 대책도 속속 마련되고 있고.

　그런데 지구 온난화의 근본 원인은 20세기 들어 대량 생산과 소비를 바탕으로 하는 경제 활동이 자리 잡으면서 생산과 소비가 계속 늘어났기 때문이야. 그렇다면 끊임없는 생산과 소비에서 벗어나 자원 사용을 줄이는 것이 가장 적극적인 방법이 아닐까?

　타당하지만 소비를 줄이는 일이 쉽지 않아서 실천 가능한 방법은 아니라고? 하지만 공유 경제를 알면 생각이 달라질걸. 많은 사람이 지구 환경은 살려야 하지만 과감하게 소비를 줄이지 못하고 어물거리다가 공유 경제를 알게 되면서 환호했거든.

공유 경제는 필요한 물건을 사는 대신에 빌려서 사용하는 경제 활동이야. 빌려서 사용하게 되면 새것을 만들지 않아도 되니까 자원 사용의 효율성이 높아져. 게다가 빌려서 사용하면 새것을 살 때보다 돈도 덜 들고, 다양한 것을 사용하면서 독특한 경험도 할 수 있지.

공유 경제는 2000년대 후반 이를 사업 모델로 하는 기업들이 등장하면서 새로운 경제 방식으로 자리 잡았어. 필요하면 빌려 쓰는 소비는 한 걸음 더 나아가 내게 필요 없는 것을 남에게 주거나 빌려주고, 내가 필요한 것을 받거나 빌려서 사용하는 소비로 발전했지. 그래서 사용하지 않는 물품을 사고팔거나 무료로 나누는 소비도 활기를 띠게 되었어.

그러나 안타깝게도 공유 경제는 뜻하지 않은 논란으로 아직 제대로 빛을 발하지 못하고 있어. 공유 경제의 장점이 사라진 건 아닌데 말이야.

나는 공유 경제가 소비자의 만족감은 그대로 유지하고 자원 사용을 줄여서 지구를 살리는 데 큰 몫을 할 수 있는 기발한 소비 방식이라고 확신해. 이 책을 읽고 우리 친구들이 공유 경제의 전도사가 되어 지구를 지키는 일에 앞장서게 되기를 기대해 볼게.

석혜원

| 차례 |

작가의 말 … 04

**1장
사지 않고
빌려 쓴다고?**

자전거의 한 시간을 삽니다 … 10
지구를 지켜야 하는데 … 15
돈 쓸 곳은 많은데, 소득이 줄었어 … 18
다양한 경험을 하고 싶어 … 22

**2장
공유 경제가
뭐예요?**

빈방을 빌려줍니다! 에어비앤비 … 28
5분 안에 달려갑니다. 우버 … 34
이야기하면서 함께 갈래요? 블라블라카 … 38
필요한 만큼 빌려서 사용해 … 44
상업 경제와는 뭐가 다르지? … 48

3장 공급자와 수요자가 만나는 플랫폼

접속? 언제 어디서나 ··· 54
플랫폼이 뭐야? ··· 58
세상을 바꿀 아이디어! ··· 63
모르는 사람을 어떻게 믿지? ··· 68

4장 공유 경제가 일으킨 변화

온디맨드 경제, 주문만 하면 곧바로 ··· 76
플랫폼 노동자, 1인 기업가? ··· 81
협력적 소비, 나누면 커지는 만족감 ··· 86
구독 경제, 정기적으로 빌려서 사용해요 ··· 91

5장 공유 경제가 제 길을 가려면?

경제 성장에 대한 집착에서 벗어나자 ··· 100
걸림돌이 되는 규제가 있다면? ··· 103
내 것처럼 소중하게 ··· 107
공유 경제는 부스러기를 나누는 경제다? ··· 110
좋아요! 공유 경제 협동조합 ··· 116
공유가 일상이 되는 세상 ··· 121
우리도 할 게 있어! ··· 125

1장
사지 않고 빌려 쓴다고?

자전거의 한 시간을 삽니다

지난 주말에 아람이는 자전거 타는 법을 배웠어. 그동안 겁이 나서 차일피일 미뤘는데, 친구들이 자꾸 같이 자전거 타러 가자고 해서 드디어 용기를 냈지. 마침 누나가 타던 자전거가 집에 있었거든. 누나는 중학생이 되더니 자전거를 거의 타지 않아서, 그 자전거를 아람이가 물려받은 거야.

"누나, 그래도 자전거 타고 싶으면 이거 타."

아람이가 선심 쓰듯이 누나에게 말했어. 그러자 누나는 괜찮다면서, 자전거가 필요하면 '따릉이'를 타면 된대. 마침 아람이네 집에서 멀지 않은 곳에 따릉이 대여소가 있거든.

따릉이는 아람이가 사는 서울의 공공 자전거 이름이야. 필요할 때 적은 돈으로 빌려 탈 수 있어. 열세 살부터 탈 수 있는데, 몸집이 작은 사람을

위한 '새싹 따릉이'도 있어.

누나의 자전거를 빼앗은 게 아닌가 싶어 조금은 미안했던 아람이는 공공 자전거가 있어서 참 다행이라고 생각했어.

혹시 네가 사는 곳에도 공공 자전거가 있니? 공공 자전거가 뭐냐고? 공공 자전거란 지방 자치 단체가 빌려주는 자전거야. 친환경 교통수단인 자전거를 쉽게 탈 수 있게 해서 대기 오염이나 교통 체증을 줄여 보려고 만든 제도이지. 자전거 가게도 아닌데 같은 색깔과 모양의 자전거가 여러 대 죽 늘어서 있는 걸 봤다면, 아마 그게 바로 공공 자전거일 거야.

서울뿐만 아니라 우리나라 여러 지역에서 공공 자전거를 만날 수 있어. 광주의 타랑께, 대전의 타슈, 전주의 꽃싱이, 경주의 타실라, 창원의 누비자 등이 모두 공공 자전거야. 이름들이 참 정겹지? 자전거를 빌리는 비용은 지역마다 다르지만 어디에서 빌리든지 새 자전거를 사는 비용과 비교하면 아주 저렴해.

아람이 누나처럼, 자주 타지 않는다면 굳이 비싼 돈을 주고 자전거를 살 필요가 없어. 생각해 봐. 일주일에 자전거를 한 번 탈

까 말까 한데 과연 자전거를 사야 할까? 아마 집 안에서 자리만 차지하는 애물단지가 될지도 몰라. 그러다가 몇 년이 지나서 몸집이 커지면 지금 쓰는 자전거는 몇 번 쓰지도 않았는데 작아서 못 쓰게 될 수도 있고 말이야.

그러니 이런 경우라면 자전거가 필요할 때만 빌려 쓰는 것이 더 합리적이야. 하나의 자전거를 다른 사람들과 함께 나눠 쓰는 거지. 자전거를 나 혼자 갖고, 나 혼자만 타는 게 아니라 다른 사람들과 같이 '공유'하는 거야.

내 옷, 내 책, 내 가방, 내 운동화. 우리는 수많은 '내 것'을 가지고 있어. 예전에는 물건을 사용하려면 우선 내 것으로 만들어야 했기 때문에 돈을 주고 그걸 샀어. 그래서 아직도 사람들은 무언가 사용하려면 그것을 사야만 한다고 생각해. 돈을 내고 사서(소비) 그 물건을 갖는(소유) 거지.

하지만 이제 '소비가 곧 소유'라는 생각에서 벗어나도 돼. 자전거를 필요할 때만 빌려서 탈 수 있는 것처럼, 내 것이 없어도 물건을 빌려서 필요할 때만 사용하는 새로운 소비 방식이 등장했거든. 책, 장난감, 공구는 물론이고 자동차나 집도 얼마든지 원하는 기간만큼 빌릴 수 있어.

물건뿐만이 아니야. 각종 서비스도 빌릴 수 있어. 예를 들어, 오스트레일

리아에는 지역 주민들끼리 컴퓨터 수리나 정원 가꾸기 같은 일을 해 주는 장터가 있대.

이렇게 무언가를 소유하지 않고 필요할 때만 빌리는 소비 방식을 '공유 경제'라고 해. 우리가 자전거의 한 시간을 살 수 있게 된 건 바로 공유 경제 덕분이지.

따지고 보면 물건을 함께 사용하는 일은 물건을 돈 주고 사고파는 일보다 훨씬 역사가 길어. 작은 집단을 이루어 사람들이 모여 살기 시작했던 시대에는 물건이나 땅의 주인이 따로 없는 공동 생활을 했잖아. 그러다가 사람들 사이에 계급이 생기고, 개인 재산을 인정하는 제도가 만들어졌지.

그렇다고 물건을 함께 사용하는 일이 사라진 건 아니었어. 공동 우물이나 공동 화덕처럼 마을 사람들이 함께 이용했던 시설들도 있었거든. 지금도 도서관이나 공원 등 여러 사람이 함께 이용하는 시설이 있고 말이야.

그런데 말이야, 이처럼 오랜 세월 무심하게 여겼던 공유 경제가 왜 2000년대 후반 사람들의 주목을 받게 된 걸까? 거기에는 몇 가지 이유가 있어.

지구를 지켜야 하는데

심각한 가뭄, 폭염, 폭우의 원인은 지구 온난화! 기후 변화 마지노선 1.5도! 지금 당장 행동하라!

기후 위기가 심각해지면서 지구 환경을 지키자는 호소가 끊임없이 들려. 기후 문제 해결이 뜨거운 이슈가 되었잖아.

알고 보면 생활 방식을 바꾸어서 지구를 지켜야 한다는 주장은 이미 오래 전에 나왔어. 1972년 3월, 도넬라 메도스를 포함한 네 명의 젊은 학자들이 〈성장의 한계〉라는 보고서를 발표했어. 핵심 내용은 '경제 규모와 인구의 성장이 지금과 같은 속도로 지속되면 100년 이내에 지구 환경은 파국을 맞이한다.'는 거였지. 반면 성장 속도를 줄이면 지속 가능한 성장이 가능하다고 했어. 그러니까 하루라도 빨리 지나친 성장을 멈추는 정책을 실시하여 지구를 지켜야 한다고 주장했고.

이어서 1987년 유엔은 '지속 가능한 발전'을 이루자고 선언했어. 개발을 하기 전에 지구 환경에 대한 오염 여부를 먼저 평가하고 이를 정책에 반영하자고 제안하면서. 지속 가능한 발전이

란 미래 세대의 개발 능력을 해치지 않는 범위 내에서 현재 세대의 욕구를 충족시키는 개발을 뜻해. 예를 들면, 만약 현재 세대가 지구의 자원을 모두 써 버리면 미래 세대가 쓸 수 있는 자원이 없을 거야. 그러지 않고, 미래 세대의 필요를 충족시킬 만큼의 자원을 남겨 두면서 현재 세대의 필요도 충족시키는 발전이 바로 지속가능한 발전이야.

그러나 유엔의 이런 제안을 진지하게 받아들이고 경제 활동 방식을 바꾸는 일은 이루어지지 않았어. 모든 나라가 변함없이 성장을 우선으로 하는 경제 정책을 펼쳤고, 끊임없이 생산하고 소비하는 일을 멈추지 않았거든.

결국 환경 오염이 심각해져서 기후 변화, 오존층 파괴, 멸종 생물 발생 등 지구 생태계 전체에 심각한 위험 신호가 나타났어. 위험 신호를 몸소 겪게 되자 지구를 지키는 일을 미룰 수 없다고 판단한 사람들은 외쳤지.

"소비를 줄여라!"

기후와 환경 문제를 해결하기 위해 생산과 소비 방식을 친환경적으로 바꾸자고도 하지. 그러나 친환경적인 경제 활동이 이

루어지더라도 생산과 소비 과정에서 조금이라도 환경에 나쁜 영향을 끼치게 될 테니 아예 소비를 줄이자고 외치는 거야. 소비를 줄이면 새로운 생산을 위한 자원을 아예 사용하지 않게 되잖아.

그렇지만 소비가 주는 만족감을 포기하기 아쉬워서 이런 생각을 하는 사람도 있었어.

"새로운 생산은 줄이고 소비가 주는 만족감은 그대로 누리는 방법은 없을까? 도서관에서 책을 빌려서 읽는 것처럼 필요한 것들을 모두 빌려서 사용한다면 가능할 것 같은데."

그런데 공유 경제가 바로 그런 소비 방식이라니 눈이 번쩍 뜨였지.

돈 쓸 곳은 많은데, 소득이 줄었어

2008년 9월 15일, 미국 4위 투자 은행이었던 리먼 브라더스가 파산했어. 154년 역사의 리먼 브라더스가 파산하자 금융 회사를 믿을 수 없었던 사람들은 맡겨 둔 예금을 찾으려고 몰려갔지. 이렇게 시작된 금융 위기로 미국 경제는 엉망이 되었고, 위기는 곧바로 전 세계로 확산되었어. 결국 세계 경제는 1929년 경제 대공황 이후 가장 심한 불황을 겪게 되었단다.

불황이 뭐냐고? '경기가 좋다.' 또는 '경기가 나쁘다.'라는 말을 들어 봤니? 경기는 생산, 소비, 투자 같은 전체적인 경제 활동 상태를 나타내는 말이야. 생산과 투자가 늘어나면 일자리가 많아지고 소득 수준도 높아져서 소비가 늘어나. 이런 상태가 호황이야.

언제나 호황이면 좋겠지만, 현실은 그럴 수 없어. 소비가 늘어나면 물건 가격이 오르게 되거든. 물건 가격이 오르면 소비는 줄어들고, 경기는 움츠러들어. 물건이 덜 팔리니까 생산이 줄고 일자리를 잃는 실업자는 늘어나. 실업이 늘면 소득이 더 줄어들어서 소비가 더욱 위축되는 불황에 접어들어. 말하자면 불황은 생산과 투자가 뒷걸음질하고 일자리가 줄어서 소득이 줄고, 이로 인해 소비가 줄어든 상태야.

경기는 일정한 주기를 가지고 좋다가(호황) 움츠러들어서(침체기), 나빠졌다가(불황), 다시 활기를 되찾아(회복기) 좋아지는 상태를 되풀이 해. 경기가 항상 좋을 수 없다면 서서히 움츠러들며 나빠졌다가 빨리 활기를 되찾는 게 좋겠지?

그런데 2008년 금융 위기 때는 경기가 롤러코스터를 탄 것처럼 순식간에 곤두박질쳤어. 엎친 데 덮친 격으로 극심한 불황이 오랫동안 지속되었고.

사정이 이러했으니 아주 많은 사람들이 어려움을 겪었어. 그중에서도 막 공부를 마치고 일자리를 구하려고 했던 청년층이 가장 힘들었지. 새로 직원을 뽑는 기업이 거의 없었거든.

2011년 9월, 청년들은 뉴욕에서 시위를 벌였어. "매일 아침 일어나서 방값 걱정, 끼니 걱정을 하지 않게 해 달라."고 외치면서.

시위는 미국의 주요 도시로 번져 나갔고, 10월에는 전 세계로 확산되었지.

매일 방값 걱정, 끼니 걱정을 하는 상황에서는 푼돈이라도 아껴야 해. 그런데 필요한 물건을 사지 않고도 저렴하게 빌려서 쓰는 방법이 있다는 거야. 당연히 관심을 가질 수밖에 없었겠지?

다양한 경험을 하고 싶어

미국 매사추세츠주 케임브리지는 세계적으로 유명한 하버드 대학교와 매사추세츠 공과 대학교가 위치한 대학 도시야. 미국은 대중교통이 불편해서 고물 자동차라도 자기 차를 가진 대학생이 많았어. 그런데 2000년 케임브리지 대학가에 반가운 소식이 전해졌지. 가입비 25달러, 연회비 60달러를 내고 '집스터'가 되면 필요할 때 언제든지 자동차를 사용할 수 있다는 거야. 집스터는 '집카'라는 기업의 서비스를 이용하는 회원을 말해.

집카를 만든 로빈 체이스는 세 자녀를 기르는 42세의 중년 여성이었어. 그는 자녀의 유치원에서 알게 된 다른 학부모와 함께 열두 대의 차로 카 셰어링 사업을 벌였지. 카 셰어링은 같은 지역에 살거나 특정 단체에 속한 사람들이 공동으로 차를 산 후 시간 단위로 나누어 타면서 함께 사용하는 회원제 자동차 공유 방식이야.

물론 집카가 생기기 전에도 렌터카 회사의 차를 빌려 타는 사람이 있긴 했어. 하지만 집스터가 되어 차를 공유하는 편이 훨씬 유리했지. 최소 시간당 8달러였던 사용료에는 보험료와 기름값이 포함되어 있어서 렌터카 회사에서 차를 빌리는 것보다 저렴했거든. 사용료를 온라인에서 자동으로 내는 방식도 편리했고.

그런데 집카를 이용하다 보니 또 다른 장점을 깨닫게 되었어. 상황과 기분에 맞추어 여러 종류의 차를 바꾸어 타는 재미가 아주 쏠쏠하다는 걸 말이야.

공유 경제를 알게 되면서 사람들은 무언가를 사용하려면 먼저 소유해야 한다는 생각을 버리게 되었어. 특히 1980년대 초부터 2000년대 초까지 출생한 밀레니얼 세대는 소유보다 사용에 초점을 맞춘 소비 방식을 기꺼이 받아들였지. 이들은 명품이 아니라 개성을 드러낼 수 있는 자기만의 브랜드를 좋아하는 성향을 지녔어. 하나를 사서 지겹도록 사용하는 것보다 여러 개를 빌려서 사용하며 독특하고 다양한 경험을 하는 걸 좋아하고. 그래서 공유 경제라는, 경험의 폭을 넓히는 데 안성맞춤인 소비 방식에 빠지게 되었지.

너도 무언가를 사자마자 더 좋고 저렴한 새 상품이 나와서 속

상했던 적이 있지? 아마 이런 경험을 한 사람들이 제법 많을걸. 기술 변화의 속도가 빨라지며 성능이나 디자인 등이 월등하게 좋아진 새 상품이 등장하는 속도가 빨라졌잖아. 그러자 남보다 더 많이 갖고, 더 많이 쓰는 것이 행복하다고 느꼈던 사람들은 소비 방식을 바꾸었어. 더 큰 효용을 누리기 위해 필요한 물건을 빌려 쓰는 쪽으로.

이제 오랜 세월 무심하게 여겼던 공유 경제가 왜 사람들의 주목을 받게 되었는지 이해했지?

지구 환경에 대한 걱정을 줄여 주고, 팍팍해진 주머니 사정으로 인한 어려움을 덜어 주고, 색다르고 다양한 경험을 할 수 있는 등 공유 경제는 장점이 많아.

공유 경제에 대해 자세히 알고 싶어졌어? 좋아! 대표적인 공유 경제 기업 이야기부터 할게. 이야기를 들으면서 스스로 공유 경제의 특징을 찾아볼래?

2장

공유 경제가 뭐예요?

빈방을 빌려줍니다! 에어비앤비

"이번 달 월세를 어떻게 마련하지?"

미국 샌프란시스코에 살던 브라이언 체스키와 조 게비아는 걱정이 태산이었어. 두 사람은 미국 북동부에 위치한 로드아일랜드주 프로비던스라는 도시의 대학교에서 함께 공부한 친구야. 2007년 10월, 26세 청년이었던 이들은 더 큰 도시에서 꿈을 펼치려는 희망을 안고 샌프란시스코로 갔어.

그렇지만 바로 일자리를 구하지 못했어. 희망이 절망으로 바뀌어 갈 즈음, 상황은 더 나빠졌어. 가지고 있는 돈은 달랑 1천 달러인데, 집주인이 월세를 1,150달러로 올린다는 통보를 했거든. 살 곳마저 잃을 처지가 된 거야.

밤늦도록 잠을 이루지 못하고 뒤척이는데, 비어 있는 거실이 눈에 들어왔지. 순간 샌프란시스코에서 열리는 국제 디자인 회의에 참석하려는 사람들이 잠잘 곳을 구하지 못해 아우성이라는 소식이 떠올랐어. 그리고 이런 생각을 하게 되었지.

'거실에 에어 매트를 깔고 아침 식사로 토스트를 준다면, 돈을

내고 잠잘 사람이 있을까?'

두 사람은 산업 디자인을 전공했던지라 디자인 분야에서 일하는 사람들을 제법 알고 있었어. 이틀 만에 간단한 웹사이트를 만든 후 친지들에게 메일을 보내서 홍보를 부탁했단다. 메일을 받은 사람들이 블로그를 통해 홍보해 주었고. 덕분에 하루에 80달러를 내고 거실에서 묵을 세 명의 손님을 맞이하게 되었어.

무사히 월세를 내고 다시 희망을 찾게 되자 둘은 이런 생각을 하게 되었어.

'여유 공간을 가진 집주인과 그곳에 묵을 사람을 연결하는 일을 하는 기업을 만들자!'

친구인 네이선 블러차직이 기술 담당자로 함께 일하기로 했고, 2008년 2월 세 사람이 힘을 합쳐서 만든 '에어베드 앤드 브랙퍼스트'라는 기업이 태어났단다. 아침 식사를 주는 민박집이나 조촐한 숙소를 일컬어 B&B(Bed and Breakfast)라고 하는데, 저렴하고 색다른 숙소를 좋아하는 여행자 중에는 호텔보다 B&B를 찾는 사람들이 많아. '에어베드 앤드 브랙퍼스트'는 B&B의 'Bed'를 'AirBed'로만 바꾼 거니까 숙박 서비스 기업에 어울리는 이름이

지?

그리고 2008년 8월, 여유 공간을 가진 집주인과 숙소가 필요한 여행자를 연결해 주는 플랫폼이 정식으로 열렸어.

플랫폼이 열렸다고 거래가 저절로 일어나는 건 아니었지. 자

기 공간을 가진 기업이라면 묵을 사람만 구하면 되지만, 다른 사람의 공간을 빌려주는 거래에서는 여유 공간을 빌려줄 집주인이 있어야 해. 그래서 초기에는 집주인을 직접 찾아 나섰다고 해. 집주인들이 만나서 서로의 경험을 나누고 친목을 도모하는 모임도 주선했고.

 2009년 3월에는 회사 이름을 간단하게 에어비앤비로 바꾸었어. 에어비앤비는 사용자들의 입소문 덕분에 서서히 알려지게 되었지. 에어비앤비 숙소에 묵었을 때 집주인이 여행 정보를 알려 주고, 함께 식사를 하거나 세심하게 챙겨 주었다는 경험담이 다른 사람의 마음을 움직였거든. 가격 대비

"에어비앤비"

숙소에 대한 만족감이 높은데, 따뜻한 보살핌까지 받았다는 말을 듣고 에어비앤비라는 낯선 형태의 숙소에 대한 호기심이 생겼던 거야.

에어비앤비는 집주인과 여행자를 윈-윈 관계로 만들었어. 집주인은 사용하지 않는 공간을 이용하여 돈을 벌고, 여행자는 가성비가 높고 특색 있는 숙소를 구할 수 있으니까. 이들을 연결해 주고 에어비앤비는 집주인과 여행자로부터 중개 수수료를 받아. 자원의 효율성을 높이는 공유 경제의 장점을 잘 살린 덕분에 에어비앤비는 쑥쑥 성장했어. 2011년 2월에 100만 번째 숙박 예약을 기록할 정도로

말이야. 2023년 기준으로 에어비앤비에 등록되어 있는 숙소는 770만 개가 넘어. 숙소가 등록된 나라는 200개가 넘으니, 세계 어디서나 에어비앤비 숙소를 구할 수 있다고 봐야지.

5분 안에 달려갑니다. 우버

에어비앤비 창업자들은 자본과 경험이 없이 사업에 뛰어들었어. 공유 경제라는 말이 생소했던 시절에 자신들의 아이디어에 대한 확신만 가지고.

그런데 우버를 설립한 트래비스 캘러닉과 개릿 캠프는 이미 사업 경험도 있었고 자본도 두둑했던 행운아였어. 트래비스 캘러닉은 대학에서 컴퓨터 공학을 전공하면서 친구들과 함께 파일 교환 서비스 사업을 벌였어. 나중에는 공부도 중단하고 사업에 전념했지만 예상치 못한 저작권 소송

으로 회사는 문을 닫아야 했지. 쓰라린 경험을 딛고 그는 다시 파일 공유  서비스 기업을 세웠는데, 이번에는 큰 성공을 거두었단다. 2007년에 그는 이 기업을 1,900만 달러에 팔았어.

엄청난 부자가 되어 여유를 즐기던 트래비스 캘러닉은 2008년 12월 파리행 비행기를 탔어. 파리에서 열리는 르웹 컨퍼런스에 참석하려고. 잠시 일을 떠나 있었지만 첨단 기술에 대한 관심은 여전했거든.

이 컨퍼런스에서 개릿 캠프를 만났어. 그는 자신이 창립해서 경영하던 웹사이트 추천 서비스 기업을 2007년 7,500만 달러를 받고 이베이에 판 기업가였어. 두 사람은 금세 친해졌지. 날 새는 줄도 모르고 마냥 이야기꽃을 피울 정도로 말이야.

파리에 눈이 많이 내렸던 늦은 밤, 이들은 숙소로 돌아가려고 택시를 기다렸어. 빈 택시가 오지 않아서 화가 날 지경이었는데, 문득 획기적인 아이디어가 떠올랐지.

"부르면 바로 택시가 달려오게 해 주는 앱을 개발해 볼까?"

이 아이디어가 왜 획기적이냐고? 미국에서 앱 스토어가 실린 아이폰 3G가 나온 시기가 2008년 7월이었으니까 당시로서는 엄청나게 기발한 발상이지. 스마트폰을 보지도 못한 사람이 수두룩했고, 스마트폰에서 사용할 수 있는 앱이 거의 없을 때였거든.

의기투합한 두 사람은 샌프란시스코로 돌아와 2009년 3월 '우버캡'이라는 기업을 만들었어. 우리는 영업용 승용차를 택시라고 하는데, 미국에서는 캡이라고 해.

2011년 우버캡은 앱으로 요청하면 보통 택시 요금의 1.5배를 받는 고급 블랙 택시를 보내 주는 서비스를 시작했어.

샌프란시스코 시민의 평균 소득은 세계 최고 수준이야. 높은 연봉을 받으며 정보 통신 분야에서 일하는 사람들이 많이 살거든. 돈보다 시간이 귀한 사람들이 많이 사는 도시라 우버캡의 서비스는 인기 만점이었지.

그러나 자신의 일을 빼앗겼다고 여긴 일반 택시 운전기사들의 거센 반발에 부딪혔어. 이런 위기는 오히려 전화위복이 되었단다. 새로운 돌파구를 찾다가 콜택시 서비스 대신 승객과 운전기사를 앱으로 연결하는 차량 공유 서비스를 개발했으니까. 회사 이름도 아예 캡을 떼어 버리고 '우버'로 바꾸었어.

2012년부터 우버는 차량도 운전기사도 없지만 운송 서비스를 제공하게 되었어. 여유 시간에 자기 차로 운전하며 돈을 벌려는 사람과 앱 하나로 차량과 운전자 검색부터 요금 지불까지 끝내려는 승객을 연결해 주면서. 예약제라 승차 거부도 없고 '터치 후 5분 안에 도착'이 원칙이라 차를 오래 기다리지 않아도 돼. 에어비앤비가 집주인과 여행자를 윈-윈 관계로 만든 것처럼, 우버는 운전기사와 승객을 윈-윈 관계로 만들었어. 우버의 운전기사는 자투리 시간에 자신의 차를 운전하면서 돈을 벌고, 승객은 택시보다 저렴한 비용으로 편리한 운송 서비스를 누릴 수 있잖아.

　차량 공유 서비스의 장점을 알게 되자 우버 이용자는 빠르게 늘어났어. 우버는 2023년 현재 70개 나라에 진출해 있고, 전 세계 직원이 32,800여 명인 기업으로 성장했단다.

이야기하면서 함께 갈래요?
블라블라카

　지구를 지키려면 에너지 사용을 줄여야 해. 다른 곳으로 이동할 때, 에너지 사용을 줄이는 방법은? 가까운 거리는 걷고, 자전거와 같은 친환경 교통수단을 이용하고, 승용차 대신 대중교통을 탄다! 역시 환경 보호와 자원 절약에 대해 잘 아는구나. 그런데 방법을 알아도 실천하지 않으면 아무 소용이 없지?

　난 대중교통을 이용하는 뚜벅이 여행을 좋아해. 하지만 망설이다가 승용차 이용을 선택하기도 해. 대중교통 수단을 여러 번 바꿔 타야 하거나, 운행 횟수가 적어서 기다리는 시간이 너무 긴

경우이지. 그럴 때마다 우리나라에서는 '블라블라카' 같은 장거리 차량 공유 서비스를 이용할 수 없다는 게 몹시 아쉬워.

매년 6월 5일은 '세계 환경의 날'이야. 〈성장의 한계〉 보고서가 나온 후, 1972년 6월 5일 스웨덴 스톡홀름에서 처음 열린 '유엔 인간 환경 회의'에서 전 세계 사람들이 지구 환경 보전을 위해 노력할 것을 다짐하며 만든 날이지. 이런 다짐을 한 지 반세기가 넘었는데, 아직도 환경 보전을 위한 길은 멀기만 해서 씁쓸해.

갈 길은 까마득하지만 그래도 가장 먼저 환경 문제 해결에 관심을 가졌던 지역은 유럽이었어. 일찍이 자원을 공유하면 환경 보호에 도움이 된다는 걸 깨달았던 유럽에서는 공유 경제가 떠오르기 전부터 공유에 관심이 많았지. 그래서 1990년대 말부터 차량 공유 서비스를 위한 비영리 단체들이 만들어졌어. 비영리 단체는 돈을 벌기 위해서가 아니라 사회적 가치를 지닌 일을 하기 위해 만든 조직이야. 이 단체들은 사람들이 승용차를 함께 타고 가는 카풀 서비스를 제공했어. 카풀을 하면 승용차 운행이 줄어드니까 에너지를 절약할 수 있잖아.

2000년대에는 돈을 벌 목적으로 카풀 서비스를 제공하는

기업도 등장했어. 2004년 뱅상 카롱이 만든 '코보아튀라주'도 그런 기업의 하나였지. 코보아튀라주는 자동차를 뜻하는 프랑스어 '보아튀르' 앞에 공유를 뜻하는 말과 뒤에 명사형 어미를 붙인 말이야. 2006년 프레더릭 마젤라가 이 회사를 사들여서 오늘날의 '블라블라카'로 성장시켰어.

2003년 겨울, 프레더릭 마젤라는 크리스마스 휴일에 파리에서 420킬로미터 떨어진 고향집에 갈 예정이었어. 미국 샌프란시스코의 스탠포드 대학교에서 컴퓨터 공학을 전공하고 프랑스로 돌아온 후에도 경영 대학원에서 공부하느라 부모님과 오래 떨어져 살았거든. 그런데 열차표가 다 팔려 버렸지 뭐야. 자동차가 없었던 그는 여동생에게 픽업을 부탁했어. 여동생이 그를 태우고 가려면 150킬로미터나 돌아야 했지만 어쩔 수 없었지.

고향집으로 가는 도중에 좌석이 빈 채로 달리는 많은 승용차를 보면서 마젤라는 이런 생각을 했어.

'분명히 파리에서 출발하여 나랑 같은 목적지로 가는 차도 있을 거야. 그런 차를 함께 타고 갈 방법은 없을까?'

마젤라는 가까운 지역 안에서만 이루어졌던 카풀 서비스를 멀리 떨어진 지역까지 확대하면 가능하다고 판단했어. 그는 3년 동안 꼼꼼하게 카풀 서비스를 분석한 후 코보아튀라주를 인수했지. 인수는 다른 사람이 경영하는 기업을 돈을 주고 사서 새 주인이 되는 걸 뜻해. 그리고 80여 개에 달했던 프랑스 카풀 서비스 조직을 합쳐서 2년 만에 프랑스 최대 카풀 기업으로 발전시켰어.

카풀 서비스를 공급하는 운전자는 웹사이트에 자신의 여행 경로와 차량 종류 등 정보를 올려. 서비스 이용자는 출발지와 도착지, 시간을 입력하여 여행 경로가 같은 운전자를 찾은 후 함께 가기를 신청하지. 함께 차를 타게 되면 기름값과 고속도로 통행료 같은 비용은 나누어 부담하고.

2009년 코보아튀라주는 스마트폰에서 서비스를 이용할 수 있는 앱을 선보였고, 스페인으로도 진출했어. 2011년 영국으로 진출하면서 회사 이름을 프랑스어를 몰라도 기억하기 쉬운 '블라블라카'로 바꾸었지. 영어로 수다 떠는 걸 '블라블라블라'라고 해. 새 이름이 카풀 서비스 기업 이미지와 어울리지? 함께 차를 타고 수다 떨면서 즐겁게 가는 모습이 떠오르잖아.

긴 시간 동안 낯선 사람과 함께 차를 타는 건 망설여질 수 있어. 그래서 운전자는 미리 관심 있는 대화, 음악, 흡연 여부, 반려동물 동반 여부 등 본인의 취향을 알려. 여성 운전자가 여성만 태운다는 조건을 내걸 수도 있고. 또 서비스를 이용한 후 공급자와 수요자는 상대방에 대한 평가를 해. 이런 평가는 무례하거나 신뢰할 수 없는 사람을 걸러 내는 데 도움을 주지.

그래도 먼 거리를 함께 가는 거라 우버의 차량 공유 서비스보다 선뜻 받아들이기가 쉽지 않았나 봐. 2010년까지 회원 수가 30만 명에 불과했으니까.

그런데 2010년 아이슬란드 화산 폭발 사건이 구세주가 되었어. 화산재로 인해 엿새간 유럽 전역에서 항공기 운항이 중단되었거든. 다른 교통수단을 찾아야 했던 여행자들이 블라블라카의 서비스를 이용하게 되었지. 에어비앤비와 마찬가지로 블라블라카도 이용자의 입소문 덕분에 회원 수가 폭발적으로 늘었어. 2011년 회원 수는 100만 명이었는데, 2014년에는 1천만 명을 돌파했지. 2022년 기준 블라블라카 서비스는 유럽 19개국, 브라질과 멕시코, 인도에서 이루어지고 있고, 회원 수는 1억 명이야.

 ## 필요한 만큼 빌려서 사용해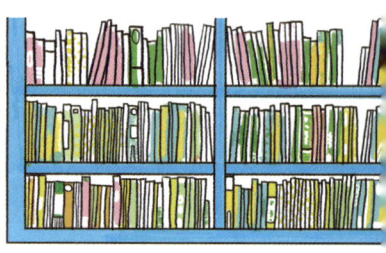

어때? 공유 경제 기업들에 대한 이야기를 듣고 나니 공유 경제가 무엇인지 감이 잡혀?

공유 경제란 내 것을 다른 사람이, 또는 다른 사람의 것을 내가 사용할 수 있게 해 주는 시스템이야. 1장에서 아람이 누나가 공공 자전거를 빌리려던 것처럼 말이야.

네가 산 책을 친구에게 빌려주는 것도 공유 경제냐고? 네가 가진 책을 가끔 한두 친구에게 빌려주는 것을 공유 경제라고 하는 건 무리야. 그러나 교실에 여러 친구들이 가져온 책을 보관할 곳을 마련하고, 거기에 있는 책들을 서로 빌려서 읽는 정도라면 공유 경제라 할 수 있지.

공유 경제라는 말을 처음 사용한 사람은 미국 하버드 대학의 마틴 와이츠먼 교수였어. 1984년 와이츠먼 교수는 공유 경제(The Share Economy)를 '어떤 상품을 여럿이 나누어 사용하며 효

용을 누릴 수 있는 경제'라고 소개했지. 안타깝게도 사람들은 별로 관심을 보이지 않았지만 말이야.

그러다가 2008년 하버드 대학의 로런스 레시그 교수가 다시 공유 경제(Sharing Economy)를 소개했어. '돈을 주고받지 않고 인간관계나 다른 사람을 배려함으로써 느낄 수 있는 만족감을 맛보며 재화와 서비스를 교환하는 경제 방식'이라고. '재화'란 사람이 바라는 바를 충족시켜 주는 물건을 일컫는 경제 용어야.

레시그 교수는 당시까지 이루어졌던, 생산자가 돈을 벌 목적으로 만들어 낸 재화나 서비스를 소비자가 사서 소유하는 경제 방식을 '상업 경제'라고 했어. 말이 조금 어렵다고? 그럼 예를 들어 볼게. 만약 네가 문구점에 가서 공책을 하나 샀다고 생각해 보자. 그 공책은 공책 만드는 기업(생산자)에서 돈을 벌기 위해 만든 거야. 네(소비자)가 그 공책을 돈을 내고 사면, 그건 네 것이 돼. 네 소유가 되는 거지. 이게 바로 상업 경제라는 말이야. 이제 이해가 되지?

레시그 교수는 이같은 상업 경제에서 얻는 소비자의 만족감을 공유 경제에서도 얻을 수 있다고 강조했어.

어쩌면 우리말로 '공유 경제'라고 표현한 'Sharing Economy'는 '나눔 경제'나 '협력 경제'라고 하는 게 더 적당한 표현일 거야. 공유란 한 물건을 공동으로 소유한다는 뜻이니까 소유 형태에 초점을 맞춘 말인데, 'sharing'은 자원이나 공간을 함께 사용한다는 뜻을 가진, 사용 방식에 초점을 맞춘 말이잖아.

레시그 교수는 공유 경제의 대표적인 예로 위키피디아를 꼽았어. 우리가 무언가 궁금한 것이 있을 때 인터넷에 검색을 해 보면, 검색 결과에 위키피디아에 있는 내용이 뜨는 경우가 많아. 한 번도 본 적 없다고? 그럼 '구글'이라는 검색 서비스에서 '공유 경제'를 검색해 봐. 검색 결과 중에 '공유 경제-위키백과, 우리 모두의 백과사전'이라는 제목의 내용이 있을 거야. 위키백과가 바로 위키피디아야.

 인터넷 사용자가 만드는 백과사전인 위키피디아는 저자가 따로 없고 누구나 글을 올릴 수 있어. 글을 썼다고 돈을 주는 건 아니지만 사람들은 자기가 아는 지식을 올려. 내용을 뒷받침하는 출처도 알려 주고. 잘못된 점이 있으면 다른 사람이 이를 바로잡고, 내용을 추가하기도 해. 그 결과 위키피디아에는 가치 있는 지식들이 엄청나게 쌓이게 되었어. 누구나 위키피디아에 담긴 이런 지식을 아무런 대가도 치르지 않고 이용할 수 있지.

 공유 경제가 2000년대 후반에 사람들의 주목을 받게 된 이유를 1장에서 알아본 거, 기억하지? 하지만 만약 레시그 교수의 말처럼 '돈을 주고받지 않고 이루어지는 재화와 서비스를 교환'하는 것에만 머물렀다면 지금처럼 공유 경제가 관심을 받지 못했을 거야. 상업 경제에서 돈을 주고 재화와 서비스를 '사듯이' 돈을 주고받으며 재화와 서비스를 '빌리는' 일을 중개하는 기업들이 때마침 생겨났기 때문에 이런 거래들이 활발하게 이루어졌고, 그래서 공유 경제가 주목을 받을 수 있었던 거지. 에어비앤비나 우버 같은 공유 경제 기업들이 등장해서 사용하지 않는 자원을 가진 사람(공급자)과 그것을 필요로 하는 사람(사용자)을 연결해 주었잖아.

이처럼 필요하면 빌려서 사용하는 일이 쉬워지면서 사람들의 소비에 대한 생각도 바뀌게 되었어. 공유 경제의 의미도 '돈을 주고받지 않고 재화와 서비스를 교환하는 활동'에서 '재화와 서비스를 소유하지 않고 필요한 만큼 빌려서 사용하는 모든 소비 활동'으로 넓어졌고 말이야.

상업 경제와는 뭐가 다르지?

그런데 혹시 에어비앤비와 우버 그리고 블라블라카에 대한 얘기를 읽고 다른 기업들과의 차이점을 발견한 게 있니? 공유 경제 기업의 경영자는 다른 기업의 경영자들보다 젊다는 생각이 들었다고? 하하, 재미있는 대답이네.

맞아. 공유 경제 기업의 경영자들은 젊어. 공급자와 사용자를 연결하는 플랫폼은 정보 통신(IT) 기술을 기반으로 만들어지잖

아. 이런 첨단 기술이 필요한 분야에서는 어려서부터 IT 기술을 접하고 함께 자란 세대일수록 경쟁력이 있으니까.

그리고 에어비앤비와 우버, 블라블라카의 창업자 모두가 샌프란시스코에서 살았거나 사는 사람이라는 사실이 인상적이었어? 통찰력이 뛰어난데! 에어비앤비와 우버의 본사가 자리 잡은 샌프란스시코는 세계 공유 경제 기업의 15퍼센트에 달하는 기업의 근거지야. 세계 IT 기술의 메카인 실리콘밸리에서 가장 가까운 도시라 IT 기술자들이 많이 살고 있어서 플랫폼을 구축할 기술자를 찾는 데 유리한 곳이지.

공유 경제와 상업 경제의 결정적인 차이점은 거래 방식이야. 여행을 가서 호텔에서 묵는다면 호텔을 경영하는 기업이 서비스의 공급자가 되지. 렌터카를 빌렸다면 서비스의 공급자는 자기들이 소유한 차량을 빌려주는 서비스를 하는 기업이고.

그런데 에어비앤비 숙소에서 묵는다면, 서비스의 공급자는 집주인이야. 우버나 블라블라카의 차량 공유 서비스를 이용한다면 서비스의 공급자는 자기 차로 운전을 해 주는 사람이고. 즉, 공유 경제 거래에서 서비스의 공급자는 기업이 아니라 개인이야.

공유 경제 기업은 서비스의 공급자와 사용자를 연결하는 중개자 역할을 하고.

공유 경제 기업은 공간이나 차량을 소유하지 않고, 여유 공간이나 차량을 가진 사람과 이를 사용할 사람을 연결하면서 숙박이나 운송 서비스를 제공해. 그러니까 공유 경제의 최대 장점은 사용하지 않는 자원을 효율적으로 활용한다는 거야. 별도의 공간이나 차량을 마련하지 않아도 되니까 상업 경제보다 저렴한 가격으로 서비스를 제공할 수 있어. 같은 수준의 서비스를 저렴한 가격으로 이용하게 되면 소비자로서도 이득이겠지?

공유 경제의 공급자는 상업 경제의 공급자와 성격이 달라.

그래서 공유 경제 기업의 경영 전략은 기존 기업과는 다를 수밖에 없어. 렌터카 회사나 호텔은 이미 차량이나 숙소를 가지고 있으니까 수요를 늘리는 일에만 집중하면 돼. 하지만 에어비앤비나 우버 같은 공유 경제 기업은 서비스의 중개자이지 공급자가 아니잖아. 수요자 입장에서는 서비스의 가격이 싸면 쌀수록 좋지만, 공급자는 빌려주는 대가가 터무니없다면 서비스 제공을 하지 않겠지? 수요자가 몰려오더라도 공급자인 집주인이나 운전기사가 없으면 거래가 일어날 수 없어. 그러니까 공유 경제 기업은 서비스의 공급자와 수요자 둘 다 만족시킬 수 있는 경영 전략을 세워야 해. 양쪽의 균형을 잘 맞추어야 하는 거지.

3장
공급자와 수요자가 만나는 플랫폼

접속? 언제 어디서나

집카는 2000년, 훗날 블라블라카로 발전한 코보아튀라주는 2004년에 설립되었어. 둘 다 공유 경제가 주목받기 전에 만들어 졌지. 이런 사례를 보면 에어비앤비와 우버가 등장하기 전에도 사람들은 공유 경제에 관심이 있었다고 봐. 그런데 왜 2000년대 후반이 되면서 공유 경제 거래가 인기를 끌게 되었을까?

2007년 브라이언 체스키와 조 게비아의 거실에서 묵었던 첫 손님은 애리조나 주립 대학교에서 디자인 공부를 하는 인도 남성 아몰 수르베였어. 그는 국제 디자인 회의에 꼭 참석하고 싶었지만, 비싼 숙박비를 감당할 형편이 아니라 참석을 망설였지. 그러다가 우연히 블로그를 통해 체스키와 게비아가 만든 웹사이트를 알게 되었어. 웹사이트에 접속했지만 예약 기능이 없었고, 심지어 예약을 위한 연락처도 적혀 있지 않아서 황당했지. 그렇지만 인터넷을 검색하여 조 게비아의 연락처를 알아냈어.

인터넷이 없던 시절이었다면 이런 일이 가능했을까? 디자인 전공이라는 공통점이 있으니까 이리저리 연락하다 보면 운 좋게 연결될 수도 있었겠지만 쉽지 않았을 거야.

편지를 쓰거나 전화를 걸어서 서로 소통했던 시절에는 개인과 개인 사이의 거래는 거의 일어나지 않았어. 거래로 얻는 만족감이 거래 비용보다 커야만 거래를 하게 되는데, 거래 비용이 너무 높았으니까. 여기서 비용이란 돈뿐만 아니라 시간이나 편리함도 포함돼.

그런데 IT 기술이 발전하면서 개인과 개인이 서로 소통하기 쉬운 환경이 만들어졌어. 국제 전기 통신 연합에 따르면 2000년 인터넷 사용자는 세계 인구 100명 중 7명이었는데, 2009년에는 26명으로 늘어났지. 선진국만 보면 2000년에는 100명 중 31명이었던 인터넷 사용자는 2009년에 63명이었고. 개인과 개인이 거래를 시도할 만한 환경이 된 거야.

게다가 2008년 7월에 앱 스토어가 실린 스마트폰이 등장하여 언제, 어디서나 접속 가능한 환경이 되었어. 이런 기반 위에 웹이나 앱을 통한 공유 경제 플랫폼이 개발되자 공유 경제 거래도 언제 어디서나 가능하게 되었지.

미국 리서치 회사 매솔류션에 따르면 2010년 8.5억 달러였던

세계 공유 경제 시장 규모는 2013년에는 51억 달러로 커졌어. 스마트폰 사용자가 가파르게 늘어나자 급속한 성장을 한 거야. 세계은행의 자료에 따르면 2009년 세계 인구 100명 중 5명에 불과했던 스마트폰 사용자는 2013년에 22명으로 늘어났거든. 이제 왜 2000년대 후반부터 공유 경제 거래가 활발해졌는

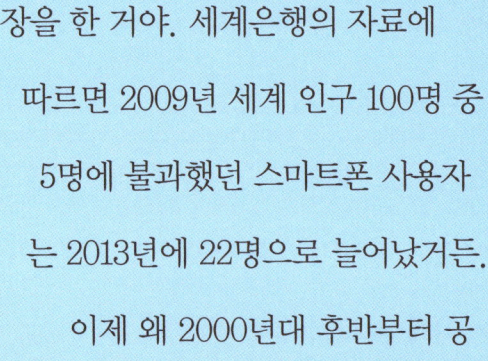

지 이해되지? 개인과 개인을 연결하는 일이 쉬워지고, 언제 어디서나 접속이 가능한 환경이 되었어. 그러자 개인인 공급자와 개인인 사용자를 연결하는 공유 경제 플랫폼이 속속 만들어졌고, 이런 플랫폼 덕분에 거래 비용이 엄청나게 낮아져서 공유 경제 거래가 쑥쑥 늘어났던 거야.

플랫폼이 뭐야?

플랫폼은 열차를 타고 내리는 승강장인데, 왜 공유 경제 거래가 플랫폼에서 일어난다고 하느냐고? 네 말대로 플랫폼은 열차를 타고 내리는 곳이야. 19세기 열차가 교통수단으로 자리 잡으며 생긴 말이지.

열차를 타고 내리는 승강장을 상상해 볼래? 플랫폼 주변에 열차를 타고 내리는 사람뿐만 아니라 배웅이나 마중을 하는 사람도 있지? 음료수와 간식 등 먹을거리나 기념품을 파는 상인도 있고. 오프라인 플랫폼인 승강장을 중심으로 가치를 교환하는 거래를 하거나 특별한 목적을 가진 많은 사람들이 모여든 거야.

그런데 인터넷과 스마트폰을 이용한 비즈니스가 자리 잡으면서 온라인 웹이나 앱도 플랫폼으로 불리게 되었어. 왜냐고? 에어비앤비에는 숙소를 중심으로 집주인과 여행자, 여행 관련 서비스를 제공하는 사람들이 모여. 유튜브에는 동영상을 중심으로 크리에이터와 시청자, 광고주가 모이고. 사람을 모여들게 하는 요소는 다르지만 승강장의 열차처럼 에어비앤비는 숙소, 유튜브는 동영상 등 특정한 요소를 중심으로 다양한 목적을 가진 사람들이 모여들잖아. 그래서 이런 일이 이루어지는 온라인 웹이나 앱도 플랫폼이라고 부르게 된 거야. 듣고 보니 공유 경제 거래가 일어나는 곳을 플랫폼이라고 하는 게 적당한 표현이지?

플랫폼에서 일어나는 공유 경제 거래를 직접 보고 싶어? 에어비앤비에 접속해서 보여 줄게. 여름 방학 때 오스트리아로 가족 여행을 간다고 하고 비엔나 공항에 내려서 묵을 곳을 찾아보자. 여행지와 일정, 여행자 수를 입력했어. 엄청나게 많은 숙소가 뜨지? 모두 여유 공간을 가진 집주인이 플랫폼에 올린 숙소들이야. 이걸 하나하나 검토하려면 힘들어. 그래서 '멋진 수영장' 또는 '최고의 전망' 등 원하는 숙소 형태에서 찾거나 필터를 사용해서 범위를 좁혀서 검색해.

난 보통 여행 계획을 짜고, 일정에 맞추어 이동 시간이 짧고 교통이 편리한 서너 지역을 정한 후 적당한 숙소를 검색해. 내가 비엔나 여행을 할 때는 슈베덴플라츠 근처의 숙소에서 묵었어. 공항에서 리무진을 타고 갈 수 있고 지하철, 버스와 트램 등 대중교통을 이용하기 쉬운 곳이거든. 그런데 유명 관광지 주변이

나 교통이 편리한 곳은 숙박비가 비싼 편이야. 한 도시에서 여러 날 머물고 시간 여유가 있으면 가격이 저렴한 지역에서 찾아도 괜찮다고 봐.

취향에 맞고, 위치와 가격이 적당하고, 평점도 높은 숙소를 몇 개 클릭해 볼래? 사람들이 남긴 숙소 평가와 후기도 읽어 보고 가장 마음에 드는 곳을 두세 개 골라. 그리고 예약하기를 클릭! 결제를 어떻게 할 건지 나오지? 취소할 경우를 대비해서 환불 정책도 꼼꼼히 살펴야 해.

다른 나라에 사는 개인이 숙박 서비스를 제공하는 곳을 이렇게 편리하게 검색하고 예약할 수 있으니 환상적이지? 이런 플랫폼이 없다면 집주인들이 여유 공간을 빌려주는 걸 엄두도 내지 못할걸. 묵을 사람을 찾을 방법이 막막하잖아. 마찬가지로 여행자도 이색적이고 가성비 좋은 숙소를 찾을 시도를 못 했을 거고.

거래 상대방을 찾기 어려워 개인과 개인 사이의 거래를 못 하다가, 거래 비용이 엄청나게 줄어들면서 딴 세상이 된 거야. 공유 경제 플랫폼 덕분이지!

세상을 바꿀 아이디어!

   2011년 3월, 미국의 대표적인 시사 주간지 〈타임〉은 '세상을 바꿀 열 개의 아이디어' 중 하나로 공유 경제를 꼽았어. 이런 찬사를 받자 벤처 캐피털은 공유 경제 기업에 과감하게 투자했지.

   벤처 캐피털은 벤처 기업에 다른 담보를 받지 않고 주식만 받고 투자하는 기업으로, 벤처 기업에게는 구세주나 마찬가지야. 벤처 기업은 높은 기술력과 장래성은 있지만 사업이 안정적이지 않아서 은행으로부터 신용만으로 돈을 빌리기 어렵거든. 담보 없이 돈을 빌려주었는데, 기업이 망하면 돈을 돌려받을 길이 없으니까.

   투자했던 벤처 기업이 문을 닫으면 벤처 캐피털이 받은 주식은 휴지 조각이 돼. 반대로 투자했던 기업이 쑥쑥 성장하면 주식을 비싸게 팔아서 엄청난 돈을 벌 수 있지. 벤처 캐피털은 당연히 공유 경제가 확실하게 성장할 거라고 판단했으니 투자를 했겠지? 공유 경제 시장이 커지면 공유 경제 기업은 쑥쑥 성장할 것이고, 주식 가격도 계속 올라갈 테니까.

에어비앤비는 2009년 4월에 벤처 캐피털로부터 60만 달러의 투자를 받았어. 등록된 집주인이 2,500명, 회원은 1만 명을 넘겼을 때였지. 그런데 공유 경제의 성장이 빨라지면서 2010년에는 720만 달러, 2011년에는 무려 1,120만 달러에 이르는 투자를 받았어.

미국의 경영 자문 업체 앨티미터 그룹의 2013년 조사에 따르면, 우버와 에어비앤비를 포함한 상위 200개 공유 경제 기업이 투자받은 돈은 20억 달러가 넘어. 이런 투자 덕분에 수많은 공유 경제 플랫폼이 만들어졌고, 다양한 재화와 서비스의 공유 거래가 활발해졌던 거야.

숙박과 차량이 아닌 다른 종류의 공유 서비스를 연결하는 기업도 있냐고? 물론 있지. 우버와 에어비앤비보다 먼저 만들어진 기업도 있어.

먼저 단기 일자리 소개 서비스를 하는 '태스크래빗'을 소개할게. IBM 소프트웨어 엔지니어였던 리아 버스크가 만든 기업이야. 너무 바빠서 강아지 사료를 사러 갈 수 없었던 버스크는 자기를 대신해서 심부름을 할 사람이 있으면 좋겠다고 생각했어.

이런 아이디어를 바탕으로 2008년 9월, 심부름꾼 100명을 모집한 후 웹사이트를 열고 심부름 사업을 하게 된 거야. 먼저 일을 부탁할 사람이 일의 종류와 지급 금액을 올려. 이를 보고 일을

할 사람이 지원하고, 지원자 중 한 명에게 일을 부탁하면 거래가 이루어져. 일의 종류는 장보기, 집 청소, 음식 배달, 자동차 세차, 강아지와 산책하기, 신제품이 나올 때 매장 앞 줄 서기 등 천차만별이야.

2007년에 창립된 '랜딩 클럽'은 개인 사이의 금융 서비스를 연결해 줘. 우선 돈을 빌리고 싶은 사람이 자신의 신용 정보를 밝히면서 대출 요청을 해. 이를 보고 다른 사람이 신용을 평가한 뒤 돈을 빌려주지. 한 사람이 4만 달러까지 빌릴 수 있는데, 빌려주는 사람은 자기가 빌려주고 싶은 만큼만 빌려주면 돼. 만약 빌려줄 수 있는 돈이 2천 달러라면, 500달러씩 네 사람에게 빌려줄 수도 있어. 빌려주는 돈의 전체 액수가 똑같더라도 한 사람이 아니라 여러 사람에게 나누어 빌려주면 한 사람에게 모두 빌려줄 때보다 돌려받지 못할 위험이 줄어드니까.

2005년에 수공예를 좋아했던 로버트 칼린이 두 친구와 함께 만든 '엣시'는 아주 매력적인 공유 경제 플랫폼이야. 스스로 만든 독특한 수제품을 중간 상인을 거치지 않고 직접 거래하는 공동체를 꿈꾸며 만들었대. 여기에서는 수공예품이나 예술 작품, 오래된 빈티지 제품 등의 거래가 이루어져. 웹사이트를 만든 지 3년 만에 판매자가 20만 명이 되었다니, 굉장하지?

집카, 코보아튀라주, 태스크래빗, 랜딩 클럽, 엣시 등은 모두 에어비앤비나 우버보다 먼저 만들어진 공유 경제 플랫폼이야. 레시그 교수는 공유 경제를 '돈을 주고받지 않고 인간관계나 다른 사람을 배려함으로써 느낄 수 있는 만족감을 맛보며 재화와 서비스를 교환하는 경제 방식'이라고 소개했지만, 이런 플랫폼에서는 이미 돈을 주고받는 거래를 했고.

이처럼 앞서간 공유 경제 기업도 있지만, 공유 경제가 세상을 바꾸기 시작한 시기는 2010년대 전반이었어. 덕분에 우리는 옷, 구두, 장난감, 공구, 책, 자전거, 킥보드 등은 물론 3D 프린터와 같은 첨단 기기도 빌려서 사용할 수 있는 세상에서 살게 되었지.

이제 공유 경제는 우리 생활 깊이 들어와서 숙소는 물론이고 사무실, 주차장, 주방, 미용실 등 다양한 용도의 공간도 원하는 기간에만 빌려서 사용할 수 있어. 공유 경제 플랫폼에서 연결해 주는 다양한 서비스도 쉽게 누릴 수 있게 되었고.

모르는 사람을 어떻게 믿지?

돈이 만들어지기 전에는 물건과 물건을 바꾸는 물물 교환이 이루어졌어. 자기가 쓰고 남은 물건과 필요한 물건을 서로 바꾸어 사용했던 거지.

그런데 서로 바꿀 물건을 가지고 있는 사람을 찾는 건 쉬운 일이 아니었어. 어떻게 하면 더 쉽게 거래를 할 수 있을까 고심하다가 등장한 것이 돈이야. 편하고 쉬운 거래를 위한 교환의 중개 수단으로 돈을 사용하게 된 거지. 공유 경제가 무료 나눔으로만 이루어졌다면 지금처럼 성장할 수 없었을 거라고 했지? 상업 경제와 마찬가지로 공유 경제도 돈이 중개 수단이 되었기 때문에 거래가 활발해졌어.

그런데 합당한 대가를 주고받는다고 하더라도 개인과 개인이 상대방에 대한 믿음이 없으면 과연 거래를 할까? 상대방에 대한 의심이 생기면 거래를 꺼리게 되잖아. 그러니까 돈뿐만 아니라 신뢰도 공유 거래의 중개 수단이라고 할 수 있어. 그래서 공유 경제 기업들은 상대방을 살피는 데 도움을 주는 여러 장치와 피해 대책을 마련해. 무례하거나 믿을 수 없는 사람을 걸러 낼 수 있게 공급자와 수요자에 대한 평판을 보여 주고, 피해 보상 청구를 할 수 있고, 분쟁을 해결하는 중재자가 되기도 해.

이런 장치와 대책이 있어도 낯선 사람과의 거래는 불안하다는 사람들이 제법 있어. 그러니까 공유 경제가 알려지기 시작했던 2000년 후반에는 모르는 사람과의 거래를 훨씬 꺼림칙하게 여겼을 거야.

그런데 사람들은 어떻게 이런 불안을 덜고 거래를 하게 되었을까? 마침 SNS 이용이 널리 퍼져서 모르는 사람에 대한 경계심이 조금씩 줄어들었고, 온라인 신뢰 문화가 자리 잡았던 덕분이었어.

SNS는 Social Network Service라는 말 그대로 취미나 관심이 같거나 특정한 활동을 함께하는 사람들의 네트워크를 만들어 주는 온라인 서비스잖아? 지금은 인스타그램이나 틱톡 등 다양한 SNS가 있지만, 개인의 일상과 문화를 바꾸는 계기가 된 것은 페이스북이었어.

2004년 하버드 대학교 학생인 마크 저커버그가 페이스북을 만들었을 때는 하버드대 학생만 가입할 수 있었지. 그러다가 점점 가입 대상을 넓혀서 2006년부터 13세 이상인 사람이라면 모두

가입할 수 있게 되었어. 2008년 페이스북 계정은 1억 개 정도였는데, 2010년에는 5억 개 정도로 사용자가 폭발적으로 늘었지.

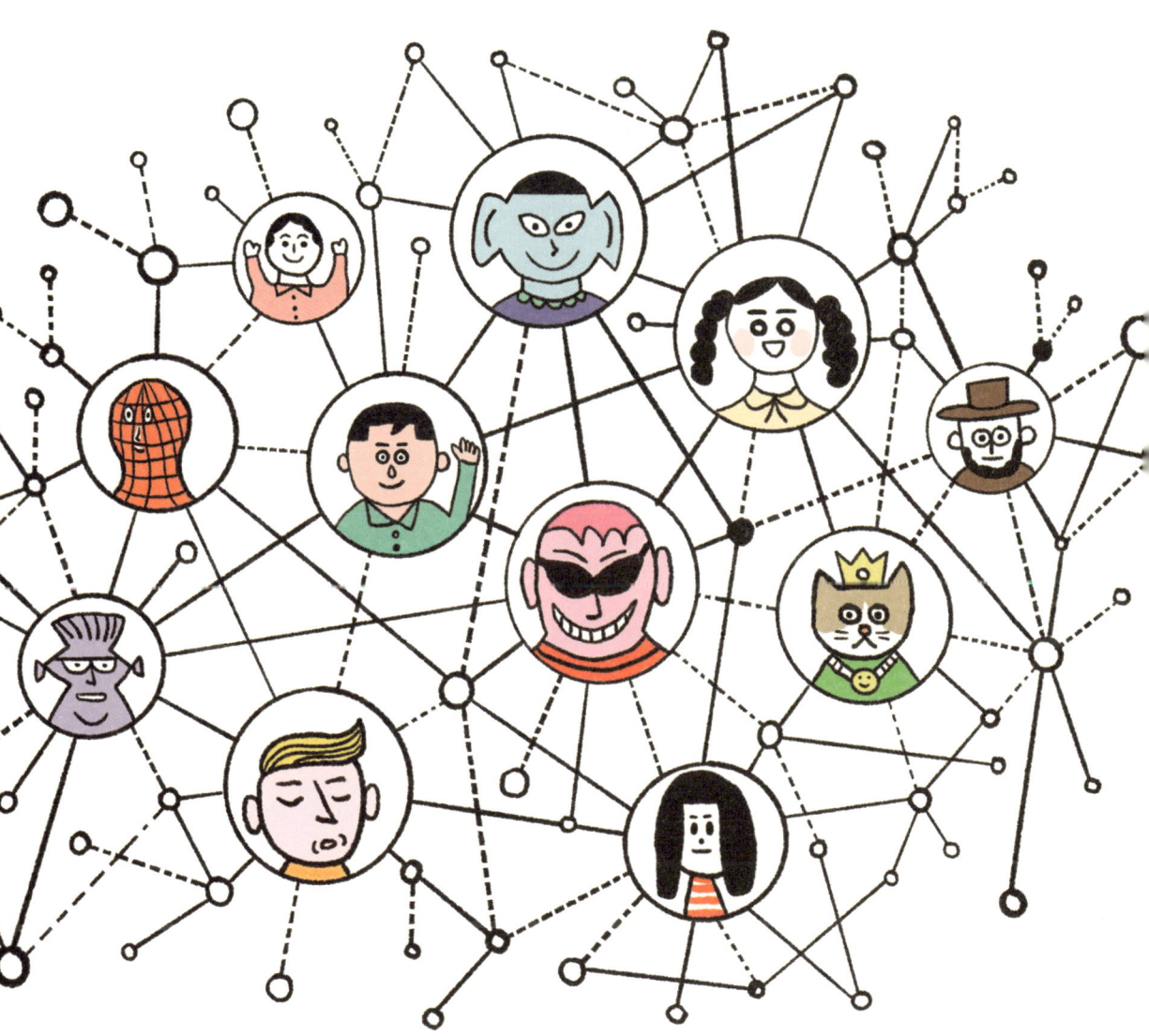

페이스북은 별명이나 가명이 아니라 실명으로 참여해. 회원 가입을 할 때 성별, 나이, 직업, 문화적 취향, 종교, 사상 등의 정보를 등록하고. 이런 정보를 보면 모르는 사람이라도 대충 어떤 사람인지 짐작할 수 있어. 그 사람의 친구까지 살펴보면 신뢰할 사람인지 아닌지 더 확실하게 가늠할 수 있고. 그래서 페이스북 사용자들은 온라인에서의 자기 이미지나 평판에 신경을 쓰게 돼. 이러한 페이스북의 온라인 신뢰 문화는 공유 경제에 큰 도움이 되었단다.

에어비앤비에 다시 접속할 테니 로그인 방식을 봐. 이메일 주소나 전화번호 또는 네이버, 페이스북, 구글, 애플 계정 등으로 로그인할 수 있지? 이처럼 다양한 계정으로 로그인을 하는 방식을 이끌어 낸 게 바로 페이스북이야. 2008년부터 페이스북은 다른 플랫폼에서도 페이스북 프로필 정보를 활용할 수 있게 했거든. 말하자면 다른 플랫폼들이 페이스북에 쌓인 신뢰의 가치를 이용할 수 있도록 한 거지.

낯선 사람에게 경계심을 느끼는 정도는 자신의 경험에 따라 달라. 브라이언 체스키가 할아버지와 어머니에게 에어비앤비 사업

계획을 알려 주었더니, 어머니는 펄쩍 뛰었대. 자기 집에 낯선 사람을 묵게 하는 건 미친 짓이라고. 그런데 할아버지는 좋은 아이디어라고 격려했다나.

할아버지는 20세기 초반 이웃집에서 필요한 물건을 빌려서 사용하고, 이웃과 음식을 나누어 먹고, 서로 도우며 함께 일하는 등 이웃끼리 물건과 시간을 나누는 걸 보면서 자랐어. 미국 횡단 여행을 하면서 낯선 집의 문을 두드리며 재워 달라고 부탁했던 경험도 있고. 하지만 어머니는 20세기 중반에 어린 시절을 보냈어. 필요한 모든 것은 돈을 주고 사서 내 것이 된 후 사용하고, 자기 차를 타고 호텔에서 묵으면서 여행을 했지. 나누는 경험을 별로 하지 못했으니 어머니가 낯선 사람을 경계하는 건 당연해.

난 공유 경제가 만들어 낸 가장 큰 공헌은 체스키의 할아버지가 어린 시절에 경험했던, 다른 사람을 신뢰하고 나누는 문화를 되살린 것이라고 하고 싶어. 공유 경제가 자리 잡으며 다시 낯선 사람과의 교류를 자연스럽게 받아들이게 되었잖아.

4장
공유 경제가 일으킨 변화

온디맨드 경제, 주문만 하면 곧바로

공유 경제로 인해 소유가 아닌 사용에 초점을 맞춘 소비가 활발해지고, 개인과 개인 사이의 거래가 늘어났어. 이는 이미 예상했던 변화야. 그런데 공유 경제는 미처 예상하지 못했던 새로운 경제 활동 방식을 이끌어 냈단다. 다양한 음식을 배달시켜 먹는 소비가 활발해진 것처럼 말이야. 예전에는 배달 음식의 종류가 그리 많지 않았잖아. 짜장면과 짬뽕, 만두와 탕수육 같은 중국 음식과 치킨 정도였지. 주문도 일일이 음식점으로 직접 전화를 걸어서 했고.

그런데 우버화로 다양한 음식을 편리하게 주문하는 세상이 되었어. 우버화는 플랫폼을 통해 공급자와 수요자가 재화나 서비스를 직접 거래하는 걸 말해. 우버가 이런 거래를 늘리는 데 가장 영향을 끼친 기업이라서 그렇게 불러.

우버는 차량도 운전기사도 없이 운송 서비스를 제공해. 운전자와 승객은 플랫폼에서 바로 연결되고. 이런 거래를 보고 공유 경제만이 아니라 다른 분야의 기업들까지 앞다투어 온라인 플랫폼

을 만들었어. 플랫폼에서 일어나는 거래 방식은 조금씩 다르지만. 예를 들면 우버 서비스의 공급자는 한 사람이지만 음식 배달 플랫폼의 서비스 공급자는 둘이야. 음식 만드는 사람과 배달하는 사람이 서로 다르잖아.

온라인 플랫폼이 속속 등장하면서 온디맨드 경제라는 새로운 경제 형태가 생겨났어. 온디맨드 경제는 수요자가 원하는 걸 주문하면 기업이 바로 주문받은 재화나 서비스를 생산하여 공급하는 경제 활동이나 전략을 뜻해. 음식점이 주문을 받고 음식을 만들고, 배달하는 사람이 바로 수요자에게 전달하는 음식 배달 서비스는 온디맨드 경제에 속하지.

온디맨드라는 말은 IT 분야에서 처음 사용되었어. 2002년 10월, 당시 IBM의 최고 경영자였던 샘 팔미사노는 앞으로 IBM은 컴퓨터와 전산 장비 판매에서 한 걸음 더 나아가서 기업 특성을 고려한 경영 노하우와 기술까지 제공할 거라고 했어. 이런 새로운 경영 전략을 온디맨드 컴퓨팅이라고 소개했고. 이는 전산 시스템인 하드웨어는 물론 서비스인 애플리케이션, 즉 솔루션까지 소비자의 주문에 맞추어 공급한다는 전략이었어. 이후 수요자가 주문을 하면 공급자가 이를 만들어 바로 제공하는 판매 방식을 온디맨드라고 하게 되었지.

예전에는 기업이 개발하여 시장에 내놓은 재화나 서비스 중에서 수요자가 원하는 것을 선택하여 구매했어. 그런데 온라인 플랫폼을 통해서 수요자가 원하는 걸 쉽게 파악할 수 있게 되자 공급자는 수요자의 다양한 취향에 맞추어 재화와 서비스를 생산하게 되었지. 온디맨드 경제에서는 시장이 공급자가 아니라 수요자 중심으로 바뀌게 된 거야.

공유 경제는 우버화를, 우버화는 온디맨드 경제를 낳았어. 그렇지만 온디맨드 기업이 모두 공유 경제 기업인 건 아니야. 둘 다 공급자와 수요자를 연결해 주고, 거래가 원활하게 이루어질 수 있도록 서비스의 질을 관리한다는 공통점은 있어. 그러나 공유 거래를 연결해야지만 공유 경제 기업에 속해. 공유 경제 기업은 개인과 개인 사이의 거래를 연결하는 반면, 온디맨드 기업은 개인과 개인 사이만이 아니라 기업과 개인의 거래를 연결한다는 차이점도 있어. 온디맨드 거래의 공급자가 기업 스스로가 되기도 하고.

그런데 말이야, 공유 경제 기업으로 창업했지만 돈을 더 벌기 위해서 다른 사업으로 영역을 넓히는 기업도 있어. 우버가 음식 배달, 화물 운송, 빠른 배송 서비스를 하거나 에어비앤비가 호텔 예약 서비스, 임대용 아파트와 호텔을 직접 소유하여 빌려주는 것처럼 말이야. 공유 소비를 통해서 자원 활용의 효율성을 높이는 거래에 그치지 않고, 기존 산업에서 이루어졌던 사업도 하는 거지.

그렇다면 우버와 에어비앤비를 공유 경제 기업이라고 할 수 있을까? 알쏭달쏭하지? 에어비앤비는 공유 경제 기업이라는 의견이 우세하고, 우버는 더 이상 공유 경제 기업이 아니라고 보는 사람이 많아. 왜냐고? 우버에서의 운전을 생계 수단으로 삼는 공급자가 많아지면서 우버에서 순수한 차량 공유 서비스가 차지하는 비중이 많이 줄었거든. 그래서 이제 우버는 공유 경제 기업이 아니고 온디맨드 기업이라고 해야 된다는 거지.

플랫폼 노동자, 1인 기업가?

경제가 침체되어 소득이 줄었고, 실업자가 늘어나 우울했던 2000년대 후반, 공유 경제는 가뭄의 단비였어. 시간은 많고 돈은 부족한데 우버나 태스크래빗을 통해 용돈벌이를 하고, 에어비앤비를 통해 여유 공간을 빌려주면 돈을 벌 수 있으니, 얼마나 좋았을까? 사정이 막막해서 찬밥 더운밥을 가릴 겨를이 없었는데, 더욱 환상적이었던 건 일하는 시간을 마음대로 정할 수 있다는 거야.

우버는 운전기사를 모집하면서 이렇게 홍보했어.

"우버의 파트너 운전기사가 되길 원해요? 우버에서는 당신이 자신의 상사입니다."

실제로 우버 운전기사의 절반 정도는 운전으로 돈을 벌어 본 적이 없는 사람들이었어. 50세 이상인 운전기사가 25퍼센트 정도였고, 인종별로는 백인 운전기사가 37퍼센트, 아시아계 운전기사가 15퍼센트였어. 미국 인구의 72퍼센트는 백인이고, 아시아계 인구는 5퍼센트 미만인데 말이야. 이런 통계를 보면 전업

주부나 은퇴자, 이민자 등 일거리를 찾기 힘들었던 계층이 우버를 통해 일할 기회를 찾았다는 걸 알 수 있어.

그런데 우버화가 활기를 띠자 단기간 일자리 서비스 소개 플랫폼이 늘어나면서 노동 시장에는 예상하지 못했던 변화가 일어났어. 환영할 만한 결과가 아니고 풀어야 할 숙제가 생겨난 거야.

우버의 차량 공유 서비스가 시작되었던 2012년에는 여유 시간에 용돈벌이를 하려고 우버의 운전기사가 되었어. 그런데 2014년 초 우버의 운전기사는 5만 명 미만이었는데, 2014년 말에 15만 명을 넘길 정도로 가파르게 늘었지. 경기 침체로 취업이 힘들자 우버의 운전을 아예 생계 수단으로 삼는 사람이 많아져서야.

우버의 운전기사만 늘어나는 데 그쳤으면 플랫폼 노동자 문제는 그냥 묻혔을 수도 있어. 그런데 사정이 달라졌지. 차량과 운전기사도 없이 운송 서비스를 제공하는 우버를 보고, 서비스를 제공하려면 이를 위한 시설과 직원을 갖추어야 한다는 고정관념이 깨졌어. 그 결과 개인과 개인의 노동 거래를 연결하는 플랫폼 기업이 늘어났고, 플랫폼 기업과 계약을 맺고 일하는 플랫폼 노동자가 엄청나게 늘었거든. 그래서 플랫폼 노동자 문제가 풀어야 할 숙제가 된 거야.

플랫폼 노동자가 일하기 전에 계약 조건을 확인하고, 조건이

마음에 들지 않으면 일을 안 하면 되는데 뭐가 문제냐고? 플랫폼 노동자들이 미처 파악하지 못했던 함정이 있었으니까. 함정은 우버 운전기사를 포함한 플랫폼 노동자는 노동자가 아니라 계약을 맺고 독립적으로 일하는 자영업자라는 점이었어.

노동자는 대기업, 중소기업, 음식점이나 슈퍼마켓 등 다른 사람이 경영하는 사업장에서 임금을 받고 일하는 사람이야. 근로자라고도 해. 자영업자는 혼자 또는 가족이나 다른 동업자와 함께 하거나, 임금을 주고 노동자를 고용하여 자기 사업체를 경영하는 사람이고. 치킨집 주인, 시장 상인, 동네 병원 의사 등 직업과 상관없이 스스로 사업체를 꾸려 나가는 사람은 모두 자영업자야.

플랫폼 노동자는 자영업자이므로 노동법의 보호를 받을 수 없어. 플랫폼 노동자는 자유롭게 일하는 게 아니라 고용된 직원이나 마찬가지로 플랫폼 기업의 통제를 받으며 일하는데도 말이야. 플랫폼 노동자의 출퇴근 시간, 일하는 시간과 장소 등은 플랫폼 기업이 결정하거든. 그렇지만 플랫폼 노동자는 노동법의 보호를 받을 수 없어서 노동자의 권리를 누릴 수 없어. 몸이 아파서 일을 못 하면 소득이 없어지고, 일하다가 사고를 당해도 보상을 받지 못해. 기업이 일부 부담해 주는 연금이나 건강 보험의 혜택도 받지 못하고, 직장을 그만둘 때 받는 퇴직금도 없어. 일하는 데 필요한 도구나 소모품도 자기 부담으로 마련해야 하지. 근로 시간이나 최저 임금 등 노동자를 보호하는 규정이 적용되지 않아. 그러다 보니 플랫폼 노동자의 돈벌이는 최저 임금에 미치지 못하는 경우가 허다하지.

이런 문제점이 있음에도 불구하고 플랫폼 노동은 미국을 넘어 전 세계로 확산되었어. 한국에도 음식 배달을 하는 라이더를 포함하여 가사 도우미, 간병인, 대리운전 기사, 청소원 등 플랫폼 기업과 계약을 맺고 일하는 플랫폼 노동자들이 제법 많아.

플랫폼 노동자의 처우 문제가 불거지자, 이를 공유 경제 탓으로 돌리며 논란이 생겼어. 심지어 공유 경제에 대한 비난도 일어났지. 세상이 워낙 빨리 바뀌니까 제도나 법규가 변화의 속도를 따라가지 못하는 일이 자주 생겨. 플랫폼 노동자는 계속 늘어나고 있는데, 이들에 대한 보호 대책 마련은 제대로 이루어지지 않는 것처럼.

다행히 2020년 미국 캘리포니아주에서 플랫폼 노동자는 직원과 동등한 대우를 받아야 한다는 플랫폼 노동자 보호법이 효력을 발휘했어. 이를 계기로 한국을 비롯한 여러 나라에서도 플랫폼 노동자를 위한 법이나 제도를 마련하는 일이 시작되었고.

이런 법과 제도가 빨리 만들어져서 플랫폼 노동자가 안심하고 일할 수 있는 환경이 되어야 해. 그래야 공유 경제도 불필요한 논란에 휩싸이지 않고 계속 성장할 수 있을 테니 말이야.

협력적 소비, 나누면 커지는 만족감

가방에 달린 키링이 예쁘다. 알뜰 시장에서 500원 주고 샀다고? 알뜰 시장에서 물건을 샀으니 협력적 소비를 한 거네. 난 공유 경제가 일으킨 가장 바람직한 변화는 협력적 소비를 활발하게 만든 거라고 생각해.

'아나바다' 알지? 아껴 쓰고 나눠 쓰고 바꿔 쓰고 다시 쓰자! 협력적 소비는 공유 경제와 아나바다를 합친 거라고 할 수 있어.

서로 믿고 나누는 모든 소비 활동을 뜻하니까.

공유 경제를 영어로 'Sharing Economy'라고 해. 'Sharing'은 여러 사람이 함께 사용하는 방식을 뜻하고. 공유 경제는 한 걸음 더 나아가 내게 필요 없는 것을 남에게 주거나 빌려주고, 내가 필요한 것을 받거나 빌려서 사용하는 협력적 소비를 이끌어 냈어.

협력적 소비의 한 형태인 중고 거래는 늘수록 좋아. 남보다 더 많이 갖고, 더 많이 쓰는 것에 가치를 두지 않고 새것이든 중고든 가리지 않고 취향에 맞는 상품을 사용하는 데 가치를 두는 소비가 늘어나는 거니까. 어느 집이나 사용하지 않지만 버리지 못하는 물건들이 제법 있지? 이런 물건들이 새 주인을 찾아 다시 사용되면 새로운 가치가 만들어져. 너도 사용하지 않는 물건을 버리는 대신 중고 물품 거래 플랫폼을 통해 팔아 볼래? 쏠쏠하게 용돈을 벌 수 있고, 쓰레기가 줄어드니 환경에도 좋아. 게다가 쓰레기 처리 비용까지 절약할 수 있잖아.

협력적 소비를 알리는 데 가장 앞장선 사람은 영국 옥스퍼드 대학교 경영 대학원 초빙 교수 레이철 보츠먼이야. 물물 교환이나 무료 나눔, 빌려서 사용하기 등이 활발해지면 '내 것이 네 것'인 새로운 경제가 자리 잡을 거라고 외쳤지.

보츠먼은 협력적 소비가 늘어나면 세상은 이렇게 바뀔 거라고 했어.

첫째, 제품의 수명을 늘리고 쓰레기를 줄여 주는 5R, 줄이고(Reduce), 다시 사용하고(Reuse), 재활용하고(Recycle), 고치고

(Repair), 재분배하는(Redistribute) 활동이 늘어난다.

둘째, 협력적 생활 방식이 자리 잡아서 공간, 기술, 시간 등 모든 자원의 공유가 활발해진다.

셋째, 상품 자체가 아니라 상품의 효용에 대해 돈을 지불하게 되므로, 상품은 소유가 아니라 사용의 대상이 된다.

공간을 공유하는 건 알겠는데, 기술과 시간은 어떻게 공유하느냐고? 미국의 '픽스잇 클리닉'과 '타임뱅크'를 예로 들어 볼게.

픽스잇 클리닉은 주민이 모여서 기술자로부터 고장 난 가정용품 수리 방법을 배우며 이웃의 정을 나누는 프로그램이야. 전문적인 재능이나 능력을 가진 사람이 다른 사람을 위해서 하는 재능 기부도 기술 공유라고 할 수 있지.

타임뱅크는 1995년 사회 운동가 에드거 칸 박사가 만든 비영리 단체야. 심장 질환을 앓았던 칸 박사에게 의사는 하루에 두 시간만 일하라고 권유했대. 이 말을 들으면서 떠올린 아이디어가 시간 거래였어.

시간 거래는 우리 조상이 힘든 일을 서로 거들어 주면서 일손을 나누었던 품앗이와 비슷해. 지역 공동체 안에서 이웃을 위해 일을 하면 대가를 돈이 아니라 시간 가치로 받아. 이를 시간 통장에 저축하고, 도움이 필요할 때 저축된 시간만큼 다른 사람에게 도움을 청하는 거지. 일의 전문성과 상관없이 의사의 진료든 강아지와 산책하기든 일하고 받는 시간 가치는 똑같아. 칸 박사는 이런 시간 거래는 세상에 필요 없는 사람은 없고, 우리는 서로를 필요로 한다는 정신을 실천하는 길이라고 했어.

보츠먼은 소유를 통해 자기를 과시하려는 사람들이 많아지면서 '나'의 문화가 생겼는데, 차츰 사회는 브라이언 체스키의 할아버지가 어린 시절에 누렸던 '우리'의 문화로 옮겨 가고 있다고 했어. 그래서 협력적 소비가 더욱 늘어나면 훨씬 따뜻한 세상이 될 거라고 했고. 협력적 소비가 자원 사용의 효율성을 높여 주는 경제적 가치뿐만 아니라 참여자 모두를 행복하게 만드는 사회적 가치도 만들어 낸다는 말이지. 정말 그럴까?

'열린옷장' 이야기를 들으면 고개가 끄덕여질걸. 열린옷장은 2011년 한국에서 세 명의 직장인이 면접용 복장 대여 서비스를 하려고 만든 비영리 법인이야. 자주 입을 일이 없거나 체형이 변하여 옷장 속에 잠들어 있는 정장을 기증받아서 면접을 앞둔 사람들에게 빌려주는 일을 하지. 면접에 임하는 지원자들은 단정하고 차분한 느낌을 주려고 정장 차림에 구두를 신어. 이를 모두 사려면 제법 많은 돈이 필요한데, 그런 부담을 덜어 주니 고맙기 그지없지.

열린옷장 덕에 합격!!

열린옷장 속 '이야기옷장'을 열어 볼래? 많은 사람들이 옷과 함께 옷에 담긴 사연과 추억, 옷 빌릴 사람을 응원하는 글이 담겨 있어. 옷을 빌린 사람이 감사의 마음을 전하며 남긴 자신의 꿈과 희망에 대한 글도 있고. 이런 글을 읽으니까 협력적 소비가 만들어 낸 감동이 느껴지지?

구독 경제, 정기적으로 빌려서 사용해요

한 나라의 행복 지수는 그 나라의 꽃 소비량에 비례한다고 해.

그런데 안타깝게도 한국의 1인당 꽃 소비액은 다른 선진국에 비해 아주 적어. 꽃은 선물용품이지 일상생활용품은 아니라고 생각하거든. 선물로 꽃을 사는 비중이 네덜란드는 20퍼센트, 일본은 30퍼센트 정도인데 비해 한국은 80퍼센트가 넘는대.

나도 자신을 위해 꽃을 사는 걸 늘 망설였어. 꽃을 사는 게 사치가 아니라 작은 행복을 즐기는 건데도. 그래서 아예 한 달에 두 번씩 받는 꽃 구독 서비스를 신청했어. 꽃을 받자마자 향기를 맡거나 꽃병에 담긴 꽃을 바라보면 행복해. 구독 경제 덕분에 작은 행복을 누리게 되었지.

구독 경제는 매달 일정 금액을 지불하고 정기적으로 재화와 서비스를 이용하는 소비 방식이야. 소유가 아니라 사용에 초점을 맞춘 소비가 진화한 형태라서 공유 경제가 일으킨 변화 중 하나로 꼽혀. 예전에도 신문이나 잡지, 우유처럼 정기적으로 소비하는 그리 비싸지 않은 상품을 대상으로 구독이 이루어지긴 했지만 말이야.

넷플릭스 알지? 구독 경제를 자리 잡게 만든 기업이 바로 1997년에 창업한 넷플릭스야. 처음에는 비디오와 DVD를 우편이나 택배로 배달하는 서비스를 하다가 2007년부터 인터넷을 통해서 영화와 TV 프로그램 같은 영상 콘텐츠를 제공하는 스트리밍 서비스를 했어. 그런데 처음부터 인터넷으로 영화를 보여 주는 사업을 하려는 계획을 가지고 있었기 때문에 회사 이름을 인터넷(Net)과 영화(flicks)를 합쳐서 지었다고 해.

구독 경제 초기에는 영화와 음악, 소프트웨어 게임 등이 구독 대상이었지만, 이제 옷, 액세서리, 유아용품은 물론이고 가전제품, 가구와 자동차까지 구독할 수 있어. 외국에서는 비행기와 열차의 구독도 이루어진다니, 세상의 모든 상품과 서비스를 구독하는 세상이 올지도 몰라.

OX 퀴즈를 하나 낼게. '세계에서 가장 큰 세탁소는 세탁 서비스 기업이 가지고 있다.' 두말할 필요 없이 O라고? 땡, X입니다!

세계에서 가장 큰 세탁소를 가진 기업은 미국의 '렌트 더 런웨이'인데, 세탁 서비스 기업이 아니라 옷 구독 서비스 기업이거든. 2009년 하버드 경영 대학원 동기생이었던 제니퍼 하이먼과 제니퍼 플라이스가 세웠어. 처음에는 특별한 날에 입는 드레스를 빌려주다가 차츰 유명 브랜드 옷과 액세서리, 가방 등으로 대여 품목을 늘렸어.

 패션쇼에서 모델들이 멋진 옷을 입고 관객의 눈길을 사로잡으며 런웨이를 걷잖아. 옷을 고르면서 자신이 런웨이를 걷는 모델이라고 상상하게 만드는 회사 이름이 기발하지?

 렌트 더 런웨이는 패션업계의 넷플릭스라고 해. 2016년에 옷 구독 서비스를 시작할 때 패스트 패션 사업을 접게 해 주겠다고 큰소리쳤지. 패스트 패션의 옷 같지도 않은 옷을 사서 바로 버리는 것보다 월 89달러로 최신 브랜드의 옷을 입는 것이 훨씬 실속이 있다고 하면서. 예상대로 많은 여성이 옷 구독 서비스에 관심을 보였고, 구독 회원은 계속 늘어났어.

 옷 대여 서비스를 하는 다른 기업은 그리 성과를 내지 못했는데, 렌트 더 런웨이는 승승장구했어. 철저한 세탁과 손질로 새 옷처럼 느껴지는 옷을 빌려준다는 게 비결이었지.

 제니퍼 하이먼은 이렇게 말했어.

 "우리에게는 마케팅과 디자인보다 더 중요한 것이 세탁이다. 스무 번 입을 치마를 세 번 밖에 못 입는다면 누가 가장 손해일까? 그래서 우리 회사의 핵심 인재는 세탁 파트 직원들이다."

왜 렌트 더 런웨이가 세계에서 가장 큰 세탁소를 가졌는지 알겠지?

옷을 빌려줄 때마다 세탁하고, 보내고 돌려받으려고 두 번의 배송이 이루어진다면, 환경에 끼치는 영향은 어떤지 궁금해? 와우, 완벽한 그린 컨슈머네! 환경을 생각하는 소비자라고! 나도 그 점이 걸려서 자료를 찾아보았어. 2010~2021년 동안 이 기업의 옷 대여 서비스가 환경에 끼친 영향을 분석한 결과가 있더라고. 새 옷을 사는 경우와 비교해서 구독 서비스는 물은 23퍼센트, 에너지는 6퍼센트, 이산화 탄소 배출량은 3퍼센트 줄이는 효과가 있었대.

공유 경제와 구독 경제는 상품을 소유가 아니라 사용의 대상으로 본다는 점은 같아. 그런데 공유 경제 기업은 거래의 중개자 역할을 하는 데 비해, 구독 경제에서는 가구, 가전제품, 자동차 등을 생산하는 기업이 공급자인 경우도 있어. 자동차를 예로 들어 보면 메르세데스-벤츠, 포르쉐, 볼보, 포드 등 유명 자동차 기업이 미국과 유럽에서 구독 서비스를 하고 있거든. 한국에서도 현대자동차와 기아자동차가 구독 서비스를 하고.

기업 입장에서 보면 빌려주는 것보다 아예 팔아 버리는 것이 유리할 텐데, 왜 구독 경제의 공급자가 될까? 이미 소유에 흥미를 잃은 사람들을 소유하라고 설득하는 것보다는 소비 형태의 변화에 맞추어 경영 전략을 바꾸는 게 장기적으로 낫다고 보는 거야. 사람들이 저렴한 가격으로 접근할 수 있는 구독 서비스를 통해 제품이나 서비스를 사용하고 만족함을 느끼면 지속적인 고객도 될 수 있다고도 보고.

5장
공유 경제가 제 길을 가려면?

경제 성장에 대한 집착에서 벗어나자

　1990년대 초반에 10월이었던 '지구 생태 용량 초과의 날'은 2000년대 초반에는 8월로 앞당겨졌어. 지구 생태 용량 초과의 날은 1년 단위로 지구인들이 사용한 자원의 양이 지구가 만들어 내는 자원의 양을 넘어서는 날이야. 1년 동안 사용해야 할 자원을 이미 다 써 버렸으니 이날 이후에는 미래 세대가 쓸 자원을 빼앗아 쓰는 셈이지. 환경 오염과 기후 위기에 대한 우려가 커지

면서 속도는 느려졌지만 지구 생태 용량 초과의 날은 계속 앞당겨졌어. 2023년 지구 생태 용량 초과의 날은 8월 2일이었거든.

공유 경제를 키우면 지구 생태 용량 초과의 날을 늦출 수 있지만, 각 나라 정부는 공유 경제를 키우는 데 소극적이야. 경제 성장률이 낮아지는 걸 싫어하거든. 경제 성장은 GDP(국내 총생산)가 지난해에 비해 커진 것인데, 그 커진 정도를 경제 성장률이라고 해. GDP란 일정한 기간 동안에 한 나라 안에서 새로이 생산된 재화와 서비스의 가치를 모두 합친 수치이고. 보통 GDP의 규모가 커지면 기업의 생산량이 늘어나고 일자리도 늘어나서 국민들의 소득도 늘어났다고 생각해. 말하자면, GDP가 늘었다면 그 나라가 경제적으로 더 부유해진 거라고 여기는 거지.

그런데 GDP에는 명백한 한계가 있어. 첫째는 돈이 오가지 않는 활동은 GDP에 포함되지 않아. 집에서 혼자 공부를 하면 GDP에 영향을 미치지 않고, 학원에서 돈을 내고 공부하면 GDP는 올라가. 둘째는 GDP는 소비자의 만족도나 삶의 질을 정확하게 반영하지 못해. 미세 먼지가 많아지거나 범죄가 늘어나는 등 생활 환경이 나빠지면 삶의 질은 나빠져. 그런데 미세 먼지로 인

해 건강이 나빠져서 병원 진료를 받거나, 범죄가 늘어서 보안 장치를 설치할 때 사용한 진료비와 장치 구입비는 GDP에 포함되지. 반대로 공유 경제를 통해 새 상품을 사지 않고 저렴한 대가를 치르고 빌려서 사용하면 생산 규모는 줄어서 GDP는 줄어들게 돼. 소비자의 만족도는 오히려 커져도 이를 반영하지 못하는 거지.

　GDP가 가진 이런 한계에도 불구하고 사람들은 경제 성장률이라는 숫자에 집착해. 경제 성장률이 높아야 생활 수준이 올라간다는 생각에 얽매여 있거든. 이들은 GDP가 줄어서 경제 성장률이 낮아지면 정부의 경제 정책이 실패했다고 비난해. 그러니까 각 나라 정부는 경제 성장률을 오히려 낮출 수 있는 공유 경제를 키우는 데 소극적인 거야. 국민들에게 공유 경제가 경제 성장률에 미치는 영향을 잘 설명하고 이해시키면서 공유 경제를 키우는 정책을 펴면 좋을 텐데 말이야.

다행히 최근 들어서 성장에 대한 집착에서 벗어나야 한다는 목소리는 점점 커지고 있어. 국제 연합 개발 계획(UNDP)이 세계 각국의 삶의 질을 평가하여 발표하는 인간 개발 지수 같은 지표에 대한 관심도 높아졌고. 경제 성장률이라는 숫자에 얽매이지 않고, 삶의 질을 향상시키는 것을 추구하는 새로운 경제 방식을 찾으려는 시도도 이루어지고 있지. 공유 경제도 이런 새로운 경제 방식의 하나라고 봐. 이제 그만 성장에 대한 집착에서 벗어나서 공유 경제가 활짝 꽃을 피웠으면 좋겠어.

걸림돌이 되는 규제가 있다면?

공유 주방은 요즘 인기 있는 공유 경제 사업 아이템이야. 하나의 주방을 여러 사업자가 함께 이용하는 곳이지. 미국에서 공유 주방이 생긴 시기는 1980년대였지만, 관심을 받은 건 공유 경제가 각광을 받았던 2010년대부터였어.

한국에서도 2015년 '위쿡'이라는 공유 주방이 등장했지만 별로 관심을 끌지 못했어. 공유 주방을 이용하면 창업 비용이 거의 들지 않아서 쉽게 음식점을 창업할 수 있는데, 왜 그랬을까?

음식점은 자기만의 주방을 갖추도록 규정하는 식품 위생법 때문이었어. 정부는 여러 사업자가 주방을 같이 사용하면 식중독 같은 위생 위험이 커진다고 판단했거든. 가공식품이나 가정식

대체 식품을 만드는 기업은 공유 주방에서 생산을 할 수는 있었어. 그러나 업체별로 칸막이를 하고, 조리용 시설도 각자 갖추어야만 생산 시설 허가를 내주었지. 게다가 공유 주방에서 만든 식품은 기업에게 팔 수 없고 개인에게만 팔 수 있었고.

그런데 2019년 공유 주방에서 음식을 만들어 파는 길이 열렸어. 식품 위생법은 그대로였지만 규제 샌드박스를 활용해서 그렇게 된 거야. 규제 샌드박스는 새로운 제품이나 서비스에 대해 기존 규제를 면제해 주는 제도야. 한국도로공사는 청년과 저소

득층이 고속도로 휴게소 식당 운영을 할 수 있게 해 주려고 규제 특례 신청을 했어. 특례 신청이 받아들여져서 두 곳의 고속도로 휴게소 주방을 8시~20시에는 휴게소 식당 운영자가, 20시~24시에는 청년 창업자가 사용하게 되었지.

이 소식을 듣고 공유 주방 기업들도 규제 특례 신청을 했어. 이런 신청이 받아들여진 덕분에 공유 주방에서 음식을 만들어 파는 기업들이 생겨났지. 규제 특례로 공유 주방을 허용하고 1년간 지켜보았더니 염려했던 위생 문제는 발생하지 않았어. 그러자 정부는 아예 공유 주방 운영 제도를 마련하여 2021년 12월 말부터 시행하게 되었단다. 목돈이 들어 음식점 창업을 할 수 없었던 사람들이 공유 주방에서 음식을 만들어 파는 사업을 하기 쉬워진 거야.

2015년 한국에서 공유 주방이 등장했지만 처음에는 규제를 받지 않는 범위 내에서만 공유 주방을 이용했어. 아무리 좋은 가치를 지녔다고 해도 법이나 제도로 허용하는 범위를 벗어나면 불법이었으니까. 그런데 식품 위생법의 규제를 풀기 위한 시도가 이루어졌고, 덕분에 공유 주방은 인기 있는 공유 경제 사업 아이템이 될 수 있었어.

 공유 경제에 대한 법규나 제도들이 기존 산업과의 형평성을 고려하면서 하나하나 마련되긴 할 테지만, 법이나 제도가 세상이 변하는 속도를 따라가지 못하는 경우가 있다고 했지? 공유 경제에 대한 관심이 생긴 시기는 2000년대 초반이었지만, 아직도 공유 경제 기업을 만드는 데 걸림돌이 되는 규제는 많아.

 새로운 가치를 만들어 낼 공유 경제 사업 아이디어가 있는데, 규제로 불가능하다면 어떻게 할까? 포기하지 말고 규제를 푸는 길을 찾아봐야겠지?

내 것처럼 소중하게

 2011년 프랑스에서는 세계 최초로 전기차 공유 시스템인 '오토리브'가 선을 보였어. 자동차 소유 문화를 바꾸고 친환경 전기차를 운행하여 공기 질을 개선하는 효과를 기대하면서, 파리시와 인근 100여 개 지방 자치 단체가 운영 기업을 선정하여 서비스를 시작했지. 앱으로 주차장 위치와 승차 가능 대수를 확인한 후 예약을 하고, 이용한 차는 목적지 근처 주차장에 다시 주차하는 시스템이었어.

파리에서 자동차를 소유하면 연간 비용이 3천~5천 유로(2011년 12월 기준. 약 427만~709만원) 정도 들었어. 그런데 오토리브는 매월 10유로(약 1만 4천 원)와 30분당 6유로(약 8,500원)를 내거나, 가입비 없이 30분당 9유로(약 12,700원)를 내고 이용할 수 있었지.

가입자가 15만 명에 달할 정도로 호응을 얻었지만 3년이 지나자 이용자가 줄어들었어. 차를 험하게 다루어서 성능이 떨어지고 고장이 잦아졌거든. 파리 도심에서 차를 빌리고 수요가 거의 없는 교외에 주차하는 일이 잦아서 관리 비용도 만만치 않았고. 적자를 면치 못했던 운영 기업은 2018년 7월 서비스를 중단했어. 오토리브는 공유 물품을 함부로 사용해서 실패한 씁쓸한 사례야.

이런 일은 중국에서도 벌어졌단다. 중국에서는 2014년부터 기업이 앞장서서 공유 자전거 사업을 벌였어. 가장 먼저 공유 자

전거 사업을 시작한 '오포'는 보증금 99위안(약 1만 7천 원)을 내고 회원 가입을 하면 20위안(약 3,500원)으로 한 달간 마음껏 자전거를 타게 했지. '모바이크'의 경우는 보증금 299위안, 월 20위안으로 하루 두 시간까지 탈 수 있었고.

2016년 중국의 공유 자전거 기업은 130여 개에 이를 정도로 공유 자전거 열풍이 불었어. 베이징과 상하이, 광저우 등 중국 대도시의 공유 자전거 숫자는 인구보다 많을 정도였지. 그러나 망가지고 부서진 자전거가 너무 많아서 관리가 힘들어지자 공유 자전거는 큰 골칫거리가 되어 버렸어. 공유 자전거 기업은 대부분 파산했고, 중국 대도시에는 망가진 자전거가 산처럼 쌓였지. 내 것이 아니라고 소중하게 다루지 않아서 오히려 자전거 수명이 짧아져 버린 거야. 공유 경제로 자원을 절약할 수 있다는 말이 무색해진 거지.

그런데 한국에서는 공공 자전거를 계속 탈 수 있으니까 어깨가 으쓱해졌어? 공유 물품을 내 것처럼 소중하게 다룰 만큼 한국인의 시민 정신이 성숙했다는 걸 보여 주는 거라서? 천만의 말씀! 한국의 공공 자전거 사업은 지방 자치 단체들이 비용을 들여서 관리하니까 지속적으로 운영되는 거야. 민간 기업이 운영했다면 적자로 두 손을 들어 버렸을걸.

공유 경제를 통해 자원 사용의 효율성이 높아지는 건 사람들이 공유 물품을 내 것처럼 사용하는 경우에만 가능해. 그렇지 않다면 오히려 역효과가 일어난다는 점을 잊지 말자!

공유 경제는 부스러기를 나누는 경제다?

2015년 폴란드에서 택시 운전기사들이 시위를 했어. 우버의 차량 공유 서비스에도 택시 운송 서비스에 적용되는 규제를 동

일하게 적용해야 한다고 외치면서 말이야.

어느 나라에서나 택시 산업은 승객의 안전을 지키고 범죄 위험을 막기 위해 운전기사의 자격을 제한하는 등 여러 규제를 받아. 그런데 폴란드에서 우버는 운송 서비스 기업이 아니라 정보 기술 기업으로 분류되어 이런 규제를 받지 않았어. 운전기사의 운전 실력이나 차량 상태가 어떤지 알 수 없으면 안전 문제가 생길 수 있는데도 말이야. 그러니까 힘들게 자격을 얻고 규제를 받으며 일했던 택시 운전기사들은 화가 나서 시위를 했어.

아마 공유 경제가 지역 공동체 안에서 소소하게 이루어지고, 현실에 맞는 법규나 제도가 마련되면서 차근차근 성장했다면 이런 반발은 일어나지 않았을 거야. 그런데 공유 경제 기업으로 투자가 몰리며 시장이 갑자기 커지면서 같은 분야의 기존 산업과 정면충돌이 벌어졌어. 폴란드뿐만 아니라 우버가 진출하는 나라 곳곳에서는 우버를 반대하는 택시 운전기사의 시위가 일어났지.

2017년 12월 유럽 연합 최고 법원인 유럽 사법 재판소는 스페인 바르셀로나 택시 기사 협회의 소송으로 열린 재판에서, 우버는 정보 기술 기업이 아니라 운송 서비스 기업이므로 택시 회사

처럼 규제를 받아야 한다는 판결을 내렸어.

우버의 서비스도 똑같은 규제를 받게 되었으니 택시 운전기사들은 저항을 멈추었을까? 아니었어. 규제를 받는다고 해도 우버의 서비스가 늘어나면 운송 시장의 공급자가 늘어나는 거잖아. 공급이 늘어나면 서비스 요금은 내려갈 수밖에 없어. 그러니까 택시 운전기사들에게 우버는 계속 눈엣가시여서, 저항은 계속되었지. 공급자가 경쟁을 벌이면 소비자는 저렴하게 서비스를 누릴 수 있어서 좋지

만 말이야.

샌프란시스코에서 우버가 서비스를 처음 선보였을 때는 기존 운송 시장에 별 영향을 주지 않았어. 샌프란시스코는 택시 타기가 아주 불편한 도시야. 그래서 우버의 서비스는 편리하고 저렴한 가격으로 이동할 수 있는 운송 서비스가 새로 등장한 것으로 여겨졌고, 기존 시장에 없었던 새로운 거래를 만들어 냈거든.

그런데 우버가 기업의 이익을 키우기 위해 공격적으로 운전기사를 늘리면서 사정이 달라졌어. 우버가 자기 차가 없는 사람에게 자동차 할부 구입을 도와주면서 운전기사를 모집하자, 우버의 운전을 생계 수단으로 삼은 운전기사들이 생겨났다고 했잖아. 그러자 자신들의 일자리가 위협을 받는다고 생각한 택시 운전기사들이 반발하게 되었던 거야.

이런 충돌이 계속되고, 소득이 최저 임금에도 미치지 못하는 우버의 운전기사가 제법 된다는 사실이 알려지면서 공유 경제를 비판하는 사람들이 나타났어. 공유 경제는 '부스러기를 나누는 경제'라고 비꼬아 말하면서. 목돈은 공유 경제 기업들이 가져가고, 플랫폼 노동자들에게는 푼돈만 돌아간다는 거지.

공유 경제에 대한 논란은 여기서 그치지 않았어. 2010년대 초반 공유 경제 기업에 대한 벤처 캐피털의 투자가 활발해지자 공유 경제 기업이 우후죽순처럼 생겼다고 했지? 이때 공유 경제 기업이라고 하기에는 애매한 기업이 많이 만들어졌어. 사업 모델이 공유와 조금이라도 연관이 있으면 모두 자신들을 공유 경제 기업이라고 내세웠거든. 다시 말하면 공유를 파는 기업이 많아졌던 거야. 그래서 공유 경제 기업의 범위에 대한 논란이 일어났어.

이런 논란은 공유 사무실 사업을 하는 '위워크'로 인해 더욱 거세졌지. 위워크는 2010년 애덤 노이먼과 미겔 맥켈비가 뉴욕에서 창업했어. 이미 많은 공유 사무실이 있었지만 위워크가 관심을 끌었던 이유는 입주 기업들을 하나의 공동체로 만든다는 전략 때문이었어. 위워크에서는 사무실이 아닌 회의실, 주방, 라운지 등은 입주 기업 모두가 함께 사용하는 공유 공간이야. 그리고 사무실이 유리벽으로 분리되어 있어서 서로 얼굴을 익히기 쉽고, 무료 카페에서 음료나 맥주를 마시며 이야기를 나눌 기회가 많아 사람들의 교류가 자연스럽게 이루어지지. 뿐만 아니라 위워크는 단순한 부동산 임대 기업과 달리 IT 기술을 바탕으로 한 경영 서비스도 제공한다는 점을 강조했어.

공유 경제와 IT 기반의 경영 서비스를 내세웠던 위워크는 엄청난 투자를 받으며 공격적으로 사업을 키울 수 있었지. 세계 120여 개 도시에 560여 개 지점을 운영할 정도로 성장했던 2019년 8월, 위워크는 미국 증권 시장에 주식을 상장하려고 했어. 하지만 상장 준비 과정에서 그동안의 엄청난 적자가 드러나게 되었고, 위워크를 바라보는 시선은 갑자기 차가워졌지. 2021년 우여곡절 끝에 주식 상장은 이루어졌지만 위기는 끝난 게 아니었어. 코로나19 팬데믹으로 재택근무가 늘어나자 공유 사무실 사업은 수렁 속을 헤매게 되었거든. 결국 2023년 11월 위워크는 파산 신청을 하기에 이르렀어.

위워크처럼 지나친 관심과 투자를 받으며 만들어졌던 공유를 파는 기업들로 인해 공유 경제에 대한 실망감이 커졌어. 공유 경제가 새로운 경제 모델로 굳건히 자리 잡을 기반이 망가져서, 공유 경제는 유행으로 그칠 거라고도 했지.

사람들이 호들갑을 떨며 공유 경제에 환호성을 보내다가, 공유를 버린 기업과 공유를 파는 기업에 실망하고 공유 경제 자체를 깎아내리게 된 거야. 자원 사용의 효율성을 높이고 소비자의 만족도를 키워서 삶의 질을 높일 수 있는 공유 경제의 가치가 사라진 건 아닌데 말이야.

좋아요! 공유 경제 협동조합

공유 경제가 우버화를 이끌어 냈고, 우버화가 온디맨드 경제를 낳았어. 그러다 보니 공유 경제 기업과 온디맨드 기업은 온라인 플랫폼을 통해 거래를 중개한다는 공통점을 가지고 있지. 말하자면 둘 다 온라인 플랫폼 기업이야.

오프라인 플랫폼의 이용에는 지리적 제한이 있어. 서울역 플랫폼은 서울에서만 이용할 수 있고, 비엔나 중앙역 플랫폼은 비엔나에서만 이용할 수 있지. 그렇지만 온라인 플랫폼을 이용할 때는 이런 지리적인 제한을 받지 않아. 서울과 비엔나는 물론이고 인터넷이 되는 곳이라면 세계 어디에서든 에어비앤비에 접속할 수 있잖아.

그런데 온라인 플랫폼 이용자는 1등 플랫폼으로 모여드는 경향이 있어. 공유 숙박의 경우는 어느 나라에서나 에어비앤비가 1등 플랫폼이지만 차량 공유처럼 나라마다 1등 플랫폼이 다른 경우도 있어. 차량 공유 분야의 1등 플랫폼은 미국에서는 우버, 중국에서는 디디콰이디, 동남아시아에서는 그랩이거든. 그러나 어디서나 1등 플랫폼으로 몰리는 현상이 일어나.

이렇게 사람들이 1등 플랫폼으로 몰리다 보니, 플랫폼 기업들은 모두 1등 플랫폼이 되려고 무진 애를 쓴단다. 공급자와 소비자에게 매력적인 플랫폼을 만들고, 이를 알리려고 홍보하고, 계속 플랫폼을 이용하도록 다양한 혜택도 마련해. 이런 일을 하려면 많은 돈이 필요하겠지? 그래서 벤처 캐피털을 포함하여 여러 곳에서 투자를 받아.

문제는 이런 투자가 발목을 잡는다는 거야. 공유의 가치를 온전히 지키면서 참여자 모두를 행복하게 만드는 사업을 하지 못하고, 기업의 이윤이 우선인 경영을 하게 되지. 이런 일이 계속된다면 공유 경제는 부스러기를 나누는 경제라는 비판에서 벗어나기 어려워. 이런 비판이 거세지면 공유 경제는 제 길을 갈 수 없을 거야.

공유 경제를 제대로 살려야 하는데 무슨 좋은 방도가 없을까? '로코노믹스'는 이런 고민에 대한 답을 얻은 후 만들어진 공유 경제 기업이야. 2012년 샌프란시스코에서 조슈아 대니얼슨이 창립한 일자리 중개 서비스 플랫폼이지. 그런데 정식으로 서비스를 하게 된 시기는 2018년이야. 왜 이렇게 준비 기간이 길었을까?

일자리 중개 서비스 기업들이 서비스 요금의 엄청난 부분을 수수료로 챙긴다는 걸 알았던 대니얼슨은 서비스 공급자인 노동자가 제대로 대우받는 기업을 만들 결심을 했어. 투자를 받으면 이윤을 키우는 경영을 해야 되지만 플랫폼 노동자가 주인인 협동조합 형태의 기업을 만들면 서비스 요금의 대부분이 플랫폼 노동자에게 돌아갈 수 있어. 그래서 투자를 받지 않고 직원도 없이

일하다 보니 준비 기간이 길었던 거야.

서비스를 시작하면서 대니얼슨은 이렇게 말했지.

"첫째 목표는 지속적인 경영이 가능할 만큼 수익을 내고, 2천 명의 조합원을 모으는 겁니다. 그러면 직원을 채용할 수 있고 해외 파트너를 찾아서 사업을 키울 수 있을 거예요."

계속 공유의 가치를 지키는 기업으로 남기 위해 서두르지 않고 차근차근 사업을 키우겠다는 신념이 느껴지지?

로코노믹스는 '플랫폼 협동조합 컨소시움'을 만들어서 플랫폼 노동자 협동조합을 확산시키는 일에도 힘을 쏟고 있어. 덕분에 세계 여러 나라에서 플랫폼 노동자 협동조합이 생겨나고 있지.

뉴욕에는 플랫폼 노동자들이 스스로 만든 협동조합도 있어. 2017년 라틴 아메리카 출신 이주 여성들은 로빈 후드 재단의 도움을 받아 청소 서비스 플랫폼인 '업앤고'를 만들었지. 로빈 후드 재단은 로빈 후드 정신을 실천하기 위해 사회적 약자의 생활 수준을 향상시키는 일을 하고 있어. 업앤고를 만든 이후 조합원들은 다른 인력 서비스 플랫폼을 통해 일을 구했을 때보다 돈을 더 벌게 되었어. 예전에는 서비스 요금의 20퍼센트 이상이 수수료로 나갔는데, 업앤고는 서비스 요금의 5퍼센트만 플랫폼 유지 비용으로 사용하고 95퍼센트를 일한 사람에게 주거든.

협동조합 형식의 기업만이 참여자 모두를 행복하게 하는 공유 경제 기업이 될 수 있는 건 아니야. 투자를 받은 공유 경제 기업도 얼마든지 참여자 모두를 행복하게 하는 공유 경제 기업이 될 수 있어. 사람들이 서비스 공급자에게 공정한 대가를 치르지 않는 플랫폼을 이용하지 않으면, 플랫폼 기업은 수요자가 원하는 방식으로 경영할 수밖에 없으니까. 수요자가 찾지 않으면 플랫폼에서의 거래는 일어날 수 없잖아. 투자자가 아니라 수요자가 세상을 바꿀 힘을 가졌다는 걸 기억하렴.

공유가 일상이 되는 세상

2000년대 후반부터 만들어졌던 많은 공유 경제 기업들은 공유 경제를 알리고, 사람들이 소유하지 않아도 소비할 수 있다는 사고의 전환을 이끌어 내는 역할을 했어. 그러나 기업의 이익을 우

선으로 하는 경영을 하여 공유 경제는 부스러기를 나누는 경제라는 오해를 낳기도 했지. 공유 경제가 참여자 모두를 행복하게 할 수 있는 새로운 경제라는 사실은 변함이 없는데도 말이야.

아무튼 공유가 일상적으로 일어나는 세상이 되었으면 좋겠어. 먹을거리를 나누는 '푸드 셰어링' 같은 방식이 대상을 늘리면서 자리 잡는다면 얼마든지 가능할 거야.

2010년 독일에서 만들어진 다큐멘터리 영화 〈쓰레기를 맛보자〉는 푸드 셰어링이 일어나는 계기가 되었어. 그전에 이루어졌던

'푸드 뱅크'를 통한 음식 나눔은 끼니를 해결하지 못하는 빈곤층을 돕는 게 목적이었어. 하지만 온라인 플랫폼이나 오프라인 냉장고 등을 통해 음식을 주고받는 푸드 셰어링의 목적은 버려지는 먹을거리를 줄여서 자원 사용을 줄이고, 나눔을 통해 이웃의 정을 돈독하게 하는 것이야.

2010년 독일의 영화 제작자이자 감독이었던 발렌틴 투른은 유통 기한이 지났거나 상품성이 떨어지지만 먹는 데 아무 문제가 없는 먹을거리가 마구 버려지는 현실을 알리고자 영화를 만들었어. 먹고 남은 음식만 버려진다고 생각했던 사람들은 생산과 유통 과정에서도 엄청난 식품이 버려지는 걸 알고 깜짝 놀랐단다. 매년 유럽 연합 국가들에서 버려지는 먹을거리는 9천만 톤에 달했거든. 유럽 연합 국가들에서 버려지는 빵의 양은 매년 300만 톤인데, 이는 스페인 사람들이 1년간 먹는 빵과 맞먹는 양이었고.

 이런 현실을 개선하기 위해 발렌틴 투른은 뜻을 같이 하는 사람들과 함께 푸드 셰어링 프로젝트를 진행했어. 일하는 데 필요한 돈은 기부를 받기로 했지. 2012년 4월부터 7월까지 이루어졌던 크라우드펀딩(자금이 필요한 사람이 온라인 플랫폼 등을 통해 여러 사람으로부터 돈을 모으는 방식)에는 394명이 참여하여 11,594유로(약 1,600만 원)를 모을 수 있었어. 다른 공유 경제 기업들이 투자 받았던 액수와 비교하면 푼돈이지? 그러나 이 돈으로 다른 기업들이 넘볼 수 없는 값진 성과를 거두었단다.

 이들은 푸드 셰어링을 위한 웹사이트를 만들었고, 열두 개의 공유 냉장고를 설치했어. 공유 냉장고에는 누구든지 음식을 넣을 수 있고, 아무나 냉장고 속 음식을 가져갈 수 있어. 버려지는 먹을거리를 줄여야 한다는 데 공감했던 사람들은 냉장고를 맡아서 청소하고 음식을 관리하는 '푸드 세이버'가 되었지. 푸드 셰어링이 다른 나라에도 알려지게 되면서, 이제 한국을 포함한 세계 곳곳에서 공유 냉장고의 숫자는 빠르게 늘어나고 있단다.

 먹을거리뿐만 아니라 공유하면 새로운 가치를 만들어 낼 수 있는 대상은 많아. 푸드 셰어링처럼 새로운 대상에 대한 나눔이 연달아 이루어지면 공유가 일상이 되는 세상이 되겠지?

우리도 할 게 있어!

 이제 공유 경제를 알았으니 끊임없는 생산과 소비로부터 지구를 지키고, 미래 세대가 쓸 자원을 빼앗아 쓰지 않는 소비자가 되어야지? 사기 전에 꼭 필요한지, 빌려서 사용할 수 있는지, 버리기 전에 이를 사용할 사람이 있는지 등을 따져 보는 소비를 하자고!

 한 해 동안 훌쩍 커 버려서 몸에 맞는 옷이 없어. 새 옷을 사야 할까? 새 옷이 아니라도 입을 수 있는 옷은 얼마든지 있을 테니 'N차 신상'을 찾아보면 어때? 여러 번 받아 쓰더라도 새것에 견줄 만한 가치가 있는 중고 물품을 찾아보는 거지. 마침 다음 주말에 놀이터 옆 쉼터에서 알뜰 시장이 열린대. 알뜰 시장에 가면 네게 맞는 옷이 있을 것 같아.

헌 옷을 입었다고 놀리는 친구가 있을까 봐 망설여진다고? 그런 친구가 있다면 이렇게 말해. 당당하게!

"난 옷이 아니라 나눔 문화를 입은 거라고! 지구를 지키려고."

그런데 말이야, 여유 공간을 빌려주는 집주인이 많아야 숙박 공유가 활발해지잖아. 알뜰 시장에서도 좋은 물건을 저렴하게 파는 공급자가 많아야 사고파는 일이 활발해져. 아예 알뜰 시장에서 물건을 팔아 볼래? 네게는 작아진 옷이나 신발, 상자 속에서 잠자는 장난감이나 액세서리, 네가 사용하지 않는 학용품 등을 팔면서 공유 경제의 공급자가 되어 보는 것도 신선한 경험일 거야. 헌 옷이나 신발을 그냥 수거함에 넣으면 재사용할 사람을 찾지 못하고 대부분 그냥 버려진대. 그렇지만 중고 물품의 공급자가 되어 새 주인을 직접 찾아주면 확실하게 자원 절약이 이루어져.

중고 물품 플랫폼을 통해서도 중고 물품 거래를 할 수 있어. 중고 물품 플랫폼에서는 돈을 주고받는 거래뿐 아니라 무료 나눔도 제법 이루어지더라. 왜 자신에게 돌아오는 이득이 없는데 시간과 노력을 들여서 무료 나눔을 하는 걸까? 푸드 셰어링에 참여하는 사람들처럼 자원 사용을 줄이고 나눔을 통해서 이웃의 정을 돈독하게 하고 싶어서일 거야.

공급자와 수요자를 이어 주는 공유 경제 기업처럼 우리가 공유 경제 활동의 중개자가 될 수도 있어. 예를 들면 학급에서나 학교 전체로 범위를 넓혀서 '나눔 장터' 같은 행사를 주최하는 거야. 종이돈을 만들어 사용하지 않는 물품을 가져온 어린이에게 주고, 그것으로 다른 물품을 사는 행사를 여는 거지. 아무나 학용품을 넣을 수 있고, 누구든지 학용품을 가져갈 수 있는 '학용품 나눔 상자'를 설치해도 좋고.

혼자 하는 게 엄두가 안 나면 일을 같이 할 친구를 모아서 동아리 활동으로 해 봐. 우선 버리지 않고 팔거나 나누는 소비 방식의 장점을 차근차근 알려 주면서 뜻이 맞는 친구를 찾아봐야지?

공유 경제 웹진 〈셰어러블〉의 공동 창업자인 닐 고렌플로는 이렇게 말했어. "누군가를 도울 수 있는 공유의 개념을 확산시키면서 삶의 만족감이 열 배로 더 커졌습니다. 의미 있는 일을 하게 되었기 때문이죠. 예전에는 뭔가 늘 부족함을 느꼈는데 셰어러블 일을 하면서 삶이 더 풍요해진 걸 느낍니다."

얼마 전, 주차할 곳을 찾지 못해 헤매다가 약속 시간에 늦었다는 친구에게 공유 주차장 앱을 알려 주었어. 친구는 공유 주차장은 물론이고 심지어 공유 경제에 대해서도 잘 모르더라고. 아마 네 주변에도 공유 경제를 모르는 사람이 있을 거야. 공유 경제의 역사는 그리 길지 않고, 특히 한국에서의 공유 경제는 아직 새싹 단계에 불과하니까. 그래서 금방 흥미를 잃을 장난감이나 1년에 한두 번 쓰는 공구라도 꼭 내 것으로 만든 후 사용하는 사람이 많아. 장난감 도서관이나 공구 도서관에서 빌려서 사용할 수 있다는 걸 모르고 말이야. 너도 이런 사람에게 공유 경제를 알려 주고, 누군가를 돕는 즐거움을 누려 봐.

꼼꼼히 주변을 살펴보면서 공유 경제가 일상이 되는 세상을 앞당기기 위해 우리가 할 일이 있는지 찾아보자!